CATALOGUES

PHABÉTIQUE ET PAR ORDRE DE MATIÈRES

DE LA BIBLIOTHÈQUE

DE LA

SOGIÉTE D'AGRICULTURE

D'HORTICULTURE

ET D'ACCLIMATATION DU VAR

A TOULON

Arrêtés le 1ᵉʳ Juin 1884

TOULON

TYPOGRAPHIE ET LITHOGRAPHIE A. ISNARD ET Cie

Boulevard de Strasbourg, 56

—

1884

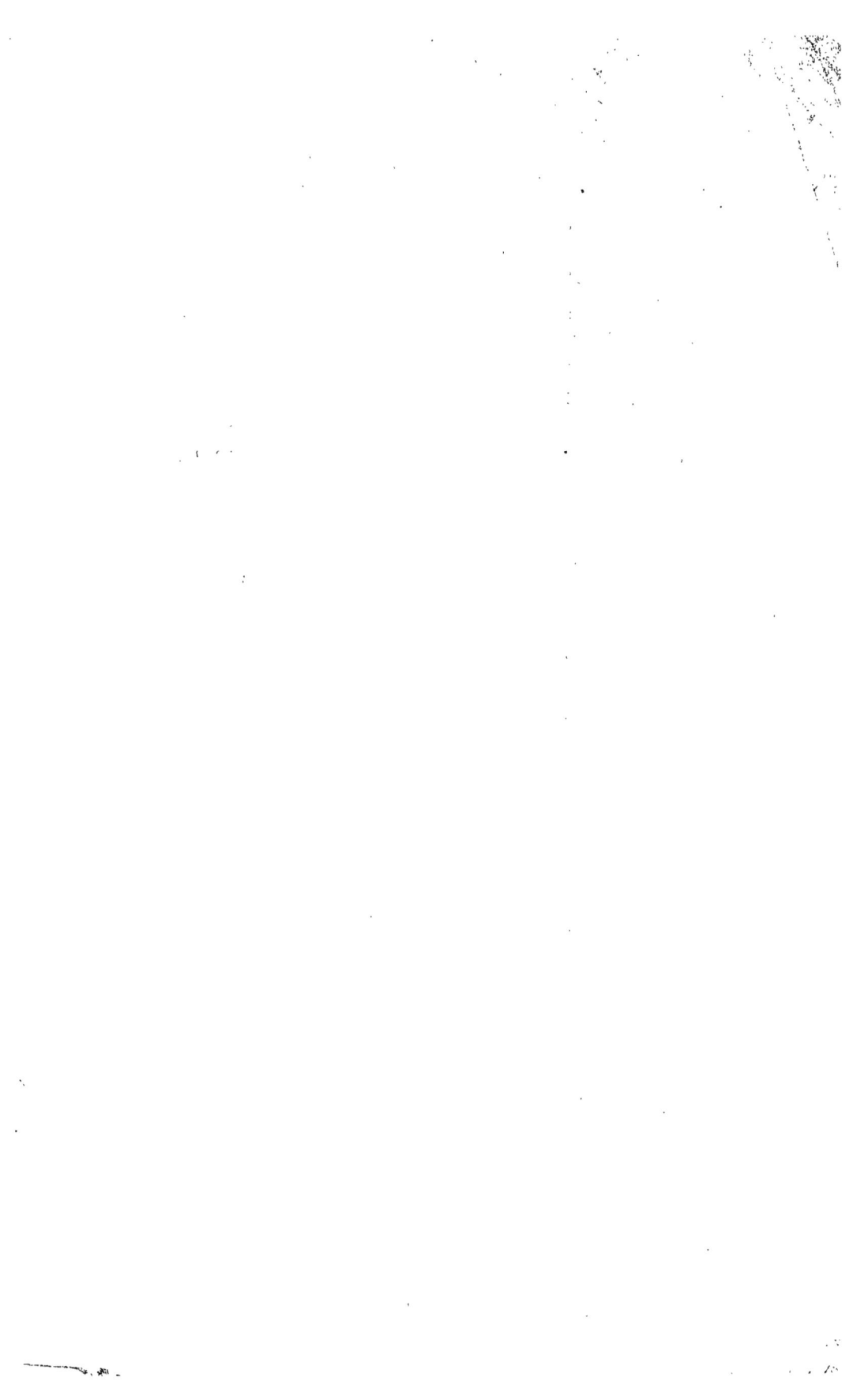

RÈGLEMENT

DE

LA BIBLIOTHÈQUE

—◦◦◇◦◦—

ARTICLE PREMIER.

Les livres, brochures et publications périodiques peuvent, *à l'exception de quelques ouvrages de fonds désignés sur le Catalogue comme ne devant jamais sortir de la bibliothèque*, être prêtés à ceux des Sociétaires qui en feront la demande, sous les réserves suivantes :

ARTICLE 2.

Les publications périodiques ne pourront sortir qu'après un mois de séjour au bureau de la Société.

ARTICLE 3.

Il ne pourra être remis au même Sociétaire plus de deux volumes à la fois, ni plus de quatre numéros d'une publication périodique, ni plus de quatre numéros appartenant à des publications différentes.

ARTICLE 4.

Les volumes et les numéros des publications périodiques ne pourront être gardés plus de trente jours.

ARTICLE 5.

Tout livre perdu ou égaré sera remplacé aux frais de l'emprunteur. Il en serait de même de celui qui serait rendu en mauvais état, sali ou déchiré.

ARTICLE 6.

Il sera tenu à la bibliothèque un registre où seront consignées toutes les sorties et les rentrées des ouvrages prêtés, avec les noms des emprunteurs et leur signature pour constater l'exactitude de chaque mouvement de sortie et de rentrée.

ARTICLE 7.

Tous les journaux, revues et publications périodiques auxquels la Société pourra être abonnée, seront adressés directement au Siège de la Société, au Bibliothécaire qui demeurera seul chargé aussi des abonnements ainsi que des achats de livres, après avoir été autorisé par le Conseil d'administration.

ARTICLE 8.

Le présent Règlement, exécutoire à partir du 1er mai 1884, sera transcrit à la première page du Registre des sorties et des rentrées, et affiché à la bibliothèque.

ARTICLE 9.

La liste de tous les ouvrages, brochures et publications reçus pendant l'année sera imprimée tous les ans dans le dernier Bulletin mensuel de la Société.

Toulon, le 1er mai 1884.

Pour copie conforme :

Le Président,   *Le Bibliothécaire,*
C.-Am. FISQUET.   B. DÉCUGIS.

CATALOGUE GÉNÉRAL

DE LA

BIBLIOTHÈQUE DE LA SOCIÉTÉ D'AGRICULTURE

D'HORTICULTURE ET D'ACCLIMATATION DU VAR

A TOULON

I

OUVRAGES SIGNÉS

A

Aguillon (Camille). Guide mensuel d'horticulture toulonnaise et du midi de la France.

Agustinetty (M.). Le vétérinaire praticien, 2e édition.

Airoles. (Voir Liron d'Airoles).

Albret (J.-B. d'). Cours théorique et pratique de la taille des arbres fruitiers.

Allart (F.-A.). Traité de la culture du tabac. (Brochure.)

Allut. (Voir Cazalis-Allut).

Amoreux. Notice des insectes de la France réputés venimeux.

André (Edouard). Les plantes de terre de bruyère.

— L'Art des jardins, traité général de la composition des parcs et des jardins.

Andrieux. (Voir Vilmorin).

Ardoino (H). Flore analytique du département des Alpes-Maritimes, 2e édition.

Armengaud. Instructions pratiques à l'usage des inventeurs.

Azan, fils. Précis de l'agriculture dans les départements de l'ancienne basse Provence.

B

Bachelet (Dr F.-J.) et Dr G. Froussard. Causes de la rage et moyens d'en préserver l'humanité.

Baillon (H.) Dictionnaire de botanique.

Baltet (Charles). L'Art de greffer, 3e édition.

Baltet (Charles). Traité de la culture fruitière, commerciale et bourgeoise.

— Culture du poirier, 4ᵉ édition.

— L'horticulture en Belgique.

Barjavel (Dʳ C.-F.-H.). Traité de la culture de l'olivier d'après les observations et les expériences de l'abbé F. Jamet.

Barles (H.). Taille de l'olivier. (Voir IV, Mélanges, série G. Olivier).

Barral (J.-A.). Drainage des terres arables, 3ᵉ édition, 2 volumes.

— Irrigations, engrais liquides et améliorations foncières permanentes.

— Les irrigations dans le département des Bouches-du-Rhône 1875, 1876, 2 volumes.

— Les irrigations dans le département de Vaucluse 1876, 1877, 2 volumes.

— Le bon fermier.

Basset (N.). Amendements et prairies (Extrait des Œuvres de Jacques Bujault).

— Du bétail en ferme (Extrait des Œuvres de Jacques Bujault).

— Traité complet d'alcoolisation générale.

Baudement (Emile). Les races bovines au Concours universel de Paris, en 1856, 1 volume de texte et atlas.

Baudet-Lafarge (M.-J.-A.). Agriculture du département du Puy-de-Dôme.

Bénion (A.). Traité complet de l'élevage et des maladies de la chèvre.

— Traité complet de l'élevage et des maladies du mouton.

Bernard. Traité de la culture de l'olivier. (Voir IV, Mélanges, série G. Olivier.)

Bertin. Instruction sur la culture des abeilles.

Besse (Auguste). Rapports sur la garance.

Blache (Romain). Les saisons et les travaux des champs en Provence (en vers).

Blanchard (Emile), La zoologie agricole.

Blanchère (H. de la). Les ravageurs des forêts et des vignes.

— Amis et ennemis de l'horticulteur.

— **et Robert** (Dʳ Eug.). Les ravageurs des forêts et des arbres d'alignement.

Bobierre (Adolphe). Leçons de chimie agricole, 2ᵉ édition.

— Le noir animal, analyse, emploi, vente.

— Simples notions sur l'achat et l'emploi des engrais commerciaux.

Bodin. Eléments d'agriculture ou Leçons d'agriculture appliquées au département d'Ille-et-Vilaine.

Boisduval (Dʳ). Essai sur l'entomologie horticole.

Boitard. Traité de la culture du mûrier et de l'éducation des vers à soie.

Bona (T.). Manuel des constructions rurales, 4ᵉ édition.

Bona (T.). Guide pratique du tracé et de l'ornementation des jardins d'agrément, 4ᵉ édition.

Bonafous (Mathieu). Traité de l'éducation des vers à soie et de la culture du mûrier.

Bonnet (Henri). La truffe, études sur la truffe comestible.

Borie (Victor). L'agriculture et la liberté.

— Les travaux des champs, 2ᵉ édition.

— Les douze mois. Calendrier agricole.

Bosc. Rapport au Préfet sur les cours d'eau du département du Var et sur les moyens d'augmenter les irrigations. (Voir aussi IV, Mélanges, série 5).

Bossin. Les plantes bulbeuses cultivées dans les jardins de l'Europe.

Bouley (H.). La rage, moyens d'en éviter les dangers et de prévenir sa propagation.

Boullenois (Frédéric de). Conseils aux nouveaux éducateurs de vers à soie, 3ᵉ édition.

Bouquet de la Grye (A.). Guide du forestier, 6ᵉ édition.

Bourguin (L.-A.). Monsieur Lesage, entretiens d'un instituteur sur les animaux utiles.

Bourotte (Mⁱˡᵉ Mélanie). La maison forestière racontée aux enfants.

Bourrel (J.). Traité complet de la rage chez le chien et chez le chat.

Boussingault (J.-B.). L'économie rurale considérée dans ses rapports avec la chimie, la physique et la météorologie, 1ʳᵉ édition, 2 volumes.

— Agronomie, chimie agricole et physiologie, 2ᵉ édition, 6 volumes.

Bouvier. (Voir Pamard).

Bremond (J.-B.). Notions élémentaires d'arboriculture appropriées au climat du Midi, 1 volume de texte et Atlas.

Breuil (du). (Voir du Breuil).

Briez (J.-L.). Calendrier agricole. Guide pratique du cultivateur algérien.

Briselaine (Ameline de). Recueil des lois, décrets, etc. (Voir V, Journaux agricoles).

Brivet (V.). Nouveau traité des robes ou nuances chez le cheval, l'âne, le mulet, etc.

Bryas (Ch. de). Etudes pratiques sur l'art de dessécher, 2ᵉ édition.

— Exposé des travaux de drainage exécutés dans sa propriété.

Buffon. (Voir Nadault de Buffon).

Bujault. (Voir Jacques Bujault).

Burat (Amédée). Applications de la géologie à l'agriculture.

Burger (Jean). Agriculture du royaume Lombardo-Vénitien, traduit de l'italien par V. Rendu.

Bush et Meissner. Les vignes américaines, catalogue traduit par L. Bazille et J.-E. Planchon.

Butret (C.). Taille raisonnée des arbres fruitiers, 19ᵉ édition.

C

Cabanis (F.). Le mûrier, ses avantages et son utilité dans l'industrie.

Caffarena (Louis). Etude critique sur les abordages.

Calmels. (Voir Martin-Calmels).

Candolle (Alphonse de). Origine des plantes cultivées.

Cardini (F.). Dictionnaire d'hippiatrique et d'équitation, 2 volumes.

Carrière (E.-A.). Guide pratique du jardinier multiplicateur.

— Pépinières, 2ᵉ édition.

— Réfutation des articles du Dʳ J. Guyot contre le système de D. Hooibrenkx sur la culture de la vigne.

— Semis et mise à fruit des arbres fruitiers.

— Traité général des Conifères, 2ᵉ édition, 2 volumes.

Cars. (Voir Des Cars).

Caton. (Voir II. Les Agronomes latins. Texte et traduction).

Cavoleau. Œnologie française ou statistique de tous les vignobles de France.

Cazalis-Allut. Mémoires sur l'agriculture, la viticulture et l'œnologie.

— Œuvres agricoles précédées d'une notice biographique, par H. Marés.

Ceris (A. de). Parcs et Jardins (dans un volume relié de la *Bibliothèque du Jardinier*.)

Certeux (A.). Guide du Planteur d'Eucalyptus.

Chabert et **Huzard**. Instruction sur la manière de conduire et de gouverner les vaches laitières, 3ᵉ édition.

Chaillot (A.). Manuel de l'agriculteur du midi de la France.

Champin. Traité théorique et pratique du Greffage de la vigne.

Chaptal. L'art de faire le vin.

Charnacé. (Voir Guy de Charnacé).

Charpentier de Cossigny (J.). Notions élémentaires, théoriques et pratiques sur les irrigations appliquées aux terres en culture, aux jardins et aux prairies.

Charrel (J.). Traité de la culture du mûrier.

Chavanne (Dareste de la). Histoire des classes agricoles en France.

Chaverondier (Francisque). La vigne et le vin. Guide pratique du vigneron, 2ᵉ édition.

Colin (G.). Traité de physiologie comparée des animaux, 2ᵉ édition, 2 volumes.

Collin (L'abbé). Le Guide du propriétaire d'abeilles, 4ᵉ édition.

Columelle. (Voir II, Les Agronomes latins. Texte et traduction).

Conrad de Gourcy (Cᵗᵉ). Relation d'une Excursion agronomique en Angleterre et en Ecosse.

Conrad de Gourcy (Cte). Notes extraites d'un voyage dans l'ouest, le sud-ouest, le midi et le centre de la France.

— Voyages agricoles en Belgique et dans plusieurs départements de la France 1849-1850, 2 volumes.

— Excursions agricoles faites en France en 1867.

Cordier (F.-S.). Les champignons de la France.

Cornay (J.-E.). De la reconstitution du cheval sauvage primitif.

Cortambert. Cours de géographie, 5e édition. 1864.

Cossigny. (Voir Charpentier-Cossigny).

Coulvier-Gravier. Précis des recherches sur les météores et les lois qui les régissent.

Courtois-Gérard. De la culture maraîchère dans les petits jardins.

Coutance (A.). L'olivier, histoire, botanique, etc.

— Histoire du chêne dans l'antiquité et dans la nature.

Coutaret (Dr C.-L.). De la maladie phylloxérique et de son traitement à l'aide du drosogène.

Croos (de). Code rural, 2 volumes.

Croux. Instruction élémentaire sur la conduite et la taille des arbres fruitiers.

Crud (Baron E.-V.-B.) (Voir Thaër).

D

Damourette (E.). Calendrier du métayer.

Dampierre (Marquis de). Races bovines de France, Angleterre, Suisse, Hollande, 2e édition.

Dareste de la Chavanne. (Voir Chavanne).

Darwin (Charles). L'origine des espèces au moyen de la sélection naturelle, ou la lutte pour l'existence dans la nature, traduit par Ed. Barbier.

Daudin (M.-H.). Nouveau théâtre d'agriculture accompagné d'une étude comparative des agronomes latins.

Davin (Dr G.). Reconstitution de nos vignobles à l'aide des vignes américaines résistantes. — Etat actuel de la viticulture américaine (15 mai 1879).

— Guide du cultivateur de vignes américaines (Petit manuel de viticulture américaine).

— Le Chêne-liège.

Dazanvilliers (Eug.). Les Gynériacées. (Dans un des volumes reliés à Toulon de la *Bibliothèque du Jardinier*).

Decaisne (J.) et **Ch. Naudin.** Manuel de l'amateur des jardins, traité général d'horticulture, 4 volumes.

Décugis (B.). Les tourteaux de graines oléagineuses.

Degrully (L.) et **P. Viala.** Les vignes américaines à l'école d'Agriculture de Montpellier. (Brochure.)

Dehérain (P.-P.). Cours de chimie agricole.

— Chimie et Physique horticoles.

Delafond (O.). Traité de la maladie de sang des bête à laine.

Delamarre. Traité pratique de la culture des pins.

Delarbre (J.). Organisation du Conseil d'Etat. (Loi du 24 mai 1872 annotée.)

Delchevalerie (J.). Les Orchidées. (Voir un des volumes reliés de la *Bibliothèque du Jardinier.*)

— Plantes de serre chaude et tempérée (même volume et séparément).

Delille (J.). Œuvres complètes.

Demontzey (P.) Etude sur les travaux de reboisement et de gazonnement des montagnes.

Demoor (V.). Prairies, 2e édition.

Demouilles. Le cèdre du Liban du palais du Maréchal à Toulouse.

Depierris (Dr.H.-A.). Le tabac abrège-t-il l'existence, etc.

Des Cars (Comte A.). L'élagage des arbres, 6e édition.

Desormes (F.). Traité élémentaire et pratique sur le gouvernement des abeilles.

Desplaces. Histoire de l'agriculture ancienne tirée de Pline.

Despouis. Le lapin domestique.

Dezeimeris (J.-E.). Conseils aux agriculteurs, suivis de rapports sur la question viticole.

Didieux. (Voir Mariot-Didieux).

Dolivot (A.-E.). Les arbres fruitiers à branches renversées d'après la méthode de M. J. Maître.

Dombasle. (Voir Mathieu de Dombasle).

Doniol (Henry). Histoire des classes rurales en France.

Donot (J). La perfection dans l'art de soigner et de cultiver les abeilles.

Dubief (L.-F.). Traité complet théorique et pratique de vinification, 4e édition.

Dubos (Ernest). Guide pratique pour le choix de la vache laitière.

Dubreuil. Analyse raisonnée de la législation sur les eaux, 2e édition. 1842.

Du Breuil (A.). — Cours élémentaire théorique et pratique d'arboriculture, 5e édition, 2 volumes.

— Culture des arbres et arbustes d'ornement, 6e édition.

— Les vignobles et les arbres à fruits à cidre, 6e édition.

— Culture moins coûteuse et perfectionnée du vignoble. (Voir J. Girardin.)

Duclaud (G.). Rapport sur la trufficulture. (Voir J. Valserres.)

Ducoin. Les Engrais ou l'art d'améliorer les plus mauvaises terres.

Dufour (G.). Traité de l'impôt foncier.

Dumas (A.). Traité de la culture maraîchère pour le midi de la France, 2e édition. (Dans un des volumes reliés de la *Bibliothèque du Jardinier.*)

Dünkelberg. De la création des prairies irriguées. Traduit de l'Allemand par Achille Cochard.

Dupont (E.). Les essences forestières du Japon.

Dupuis. Traité élémentaire des champignons comestibles et vénéneux.

Dupuis (A.). Arbres d'ornement de pleine terre. — Arbrisseaux et arbustes d'ornement de pleine terre. (Dans un des volumes reliés de la *Bibliothèque du Jardinier*.)

Durand. Arbres fruitiers, d'ornement, arbustes, rosiers, cultivés chez Durand, précédé d'instructions sur la plantation, la taille, le pincement, le tracé et l'exécution des parcs et jardins.

Duvaure (A.) Greffage et culture du mûrier blanc.

E

Emion (Victor). La taxe du pain.

Endlicher (Stéphan). Enchiridion botanicum.

Erath. Houblon. Traduit de l'Allemand par N. Nicklès.

Ernouf (Baron). L'art des jardins, 2e édition.

Espanet (F.-Alexis). Traité pratique de l'éducation du lapin domestique, 5e édition.

Etchegoyen et Henri. Observations sur la situation forestière du département du Var.

F

Fabre (Louis). Manuel du bon cultivateur pour le midi de la France.

Fairmaire (L.). Faune élémentaire des coléoptères de France.

Faudrin (M.). Le bon arboriculteur fruitier, 2e édition.

— Système viticole. (Brochure.)

Felizet (L.). Dictionnaire vétérinaire.

Fenille. (Voir Varenne de Fenille).

Féraud-Giraud (L.-J.-D.). Police des bois, défrichements et reboisements. Commentaire pratique sur les lois promulguées en 1859 et 1860.

Feray (Sénateur). (Voir Pouyer-Quertier.)

Figuier (Louis). Histoire des plantes.

Fillon (Alphonse). Mise en valeur des sols pauvres.

Fitz-James (Duchesse de). Grande culture de la vigne américaine en France.

— Le Congrès phylloxérique de Bordeaux en 1881. Enquête viticole en Amérique et en France.

Foëx (Gustave). Manuel pratique de la viticulture pour reconstitution des vignobles méridionaux.

Fontenay (L. de). Voyage agricole en Russie.

Fouquet (G.). Engrais et amendements, 2ᵉ édition.

— Fumiers de ferme et composts, 2ᵉ édition.

Fraisse (Fr.). Fêtes du centenaire de Mathieu de Dombasle à Nancy et Concours régional de 1877.

— Statistique agricole de la moyenne et grande culture du département de Meurthe-et-Moselle.

Franchet (A.) et **Lud. Savatier** (Dʳ). Enumeratio plantarum in Japonia sponte crescentium, 2 volumes.

Frarière (de). Traité de l'éducation des abeilles.

G

Gagnat. Les vers à soie en 1867.

Gal. (Voir Saint-Gal).

Gasparin (Comte de). Cours d'agriculture, 6 volumes.

— Principes de l'agronomie.

— Fermage, guide des propriétaires de biens affermés, 3ᵉ édition.

— Métayage, 3ᵉ édition.

— Mûriers et vers à soie.

Gaudry (Louis). Cours pratique d'arboriculture, 2ᵉ édition.

Gay (L.). Les chasses de Provence. (Voir IV, Mélanges, série 11. Les oiseaux).

Gayot (Eugène). Achat du cheval ou choix raisonné des chevaux.

— Lièvres, lapins et léporides.

— Poules et œufs, 2ᵉ édition.

— L'Agriculture en 1862. Expositions et Concours.

Gayot (Eugène) et **Moll.** Encyclopédie pratique de l'agriculteur. (Voir Moll.) 13 volumes.

Gérard. (Voir Courtois-Gérard).

Giovanetti (Jacques). Du régime des eaux et particulièrement de celles qui servent aux irrigations.

Giraud. (Voir Féraud-Giraud).

Girardin (J.). Des fumiers et autres engrais animaux, 7ᵉ édition.

Girardin (J.) et **A. Du Breuil.** Traité élémentaire d'agriculture, 2ᵉ édition, 2 volumes.

Gloede (Ferdinand). Les bonnes fraises.

Gloger (C.-W.-L.). De la nécessité de protéger les animaux utiles, 2ᵉ édition.

Gobin (A.). Mûriers et vers à soie, production, industrie, commerce de la soie.

— Traité des oiseaux de basse-cour.

Godefroy (Jules). Economie rurale du Danemark.

Godefroy (V.). Cours de géologie agricole. (Voir le t. II des Annales de la Société d'agriculture de l'Indre.)

Gonnet (L'abbé P.-H.). Flore élémentaire de la France d'après le système de Linné modifié par le Dr Claude Richard.

Gossin (Louis.) Principes d'agriculture appliqués aux diverses parties de la France.

Gourcy. (Voir Conrad de Gourcy).

Gourdon (J.) et **P. Naudin**. Nouvelle iconographie fourragère. (3e fascicule seul).

Goussard de Mayolle. Rapport sur les moissonneuses, faucheuses, râteaux à cheval, en 1873.

Goyau (L.). Traité pratique de Maréchalerie.

Grandeau (Louis). Stations agronomiques et laboratoires agricoles.
— Traité d'analyse des matières agricoles.

Grandvoinnet (J.). De l'établissement des porcheries.
— Traité élémentaire des constructions rurales, 2 volumes.

Gravier. (Voir Coulvier-Gravier).

Gref (Michel). La fermière, notions élémentaires d'économie domestique agricole, 6e édition.

Gripouilleau (A.). Le bras artificiel du travailleur.

Grognier (L.-F.). Cours d'hygiène vétérinaire, 2^u édition.
— Cours de multiplication et de perfectionnement des principaux animaux domestiques, 3e édition.

Grollier (Eugène). Traité d'agriculture à l'usage des écoles primaires.
— L'Agriculture délivrée ou le moyen de retirer de la terre quatre fois plus de revenu.

Grye. (Voir Bouquet de la Grye).

Gueidan (aîné). Manuel des jardins pour le midi de la France.

Guénon (François). Traité des vaches laitières.

Guette (Gustave). La fuchsine.

Guillon. Essai d'un traité de l'agriculture provençale. (Tome I. Du sol avec sa culture et ses plantes.)
— Le vade-mecum de l'agriculteur provençal, 2e édition.

Guillory. Les congrès de vignerons français, 1844 à 1847, 1860. 3 volumes.
— Le marquis de Turbilly, agronome angevin du XVIIIe siècle, 2e édition.

Guy (M.-C.). L'Algérie, agriculture, industrie, commerce.

Guy de Charnacé. Les races bovines en France.
— Les races chevalines en France.

Guyot (Dr Jules). Culture de la vigne et vinification, 2e édition.
— Rapports sur la viticulture des régions de la France, 7 volumes.
— Rapport sur la viticulture et la vinification du canton d'Évian (Haute-Savoie).

Guyot (Dr Jules). Études des vignobles de France, 1re édition, 2e édition, 3 volumes.

H

Hays (Charles du). Le cheval percheron.
Henri. (Voir Etchegoyen).
Héraud (Dr A.). Les secrets de la science, de l'industrie et de l'économie domestique.
Hervé (Louis). Le mémorial agricole de 1867, ou l'agriculture à Billancourt et au Champ-de-Mars.
Heuzé (Gustave). L'année agricole 1860 à 1863, 4 volumes.
— Les assolements et les systèmes de culture.
— Les matières fertilisantes, 4e édition.
— Les plantes alimentaires, 2 volumes et atlas.
— Les plantes fourragères, 3e édition.
— Les plantes industrielles, 2 volumes.
— Les plantes oléagineuses.
— Le porc, 2e édition.
Huard du Plessis (E.). La chèvre.
— Le noyer, suivi de la fabrication des huiles de noix.
Hugoulin. Applications des industries de la métropole à l'île de la Réunion.
Huzard. (Voir Chabert).

I

Issartier (Dr Henri). Le prunier, sa culture, la préparation de son fruit.

J

Jacque (Ch.). Le poulailler, monographie des poules indigènes et exotiques.
Jacques Bujault. Œuvres.
James et F.-W. Johnston. Éléments de chimie agricole et de géologie.
Jaubert (Dr J.-B.). Hyères avant l'histoire.
Jaubert (Dr J.-B.) et **Barthélemy Lapommeraye**. Richesses ornithologiques du midi de la France.
Jaume Saint-Hilaire. Exposition des familles naturelles et de la germination des plantes, 4 volumes.
Jeanjean (A.). La maladie des vers à soie.
Johanet (H.). (Voir V, Journaux agricoles, recueil des lois, décrets, etc.).
Johnston (F.-W.). (Voir James).

Joigneanx (P.). Les champs et les prés, 3ᵉ édition.

— Conférences sur le jardinage et la culture des arbres fruitiers. (Dans un des volumes reliés de la *Bibliothèque du Jardinier*.),

— Légumes et fruits.

— Les choux, culture, emploi.

— Le livre de la ferme et des maisons de campagne (publié sous la direction de), 2 volumes, 1ʳᵉ et 2ᵉ éditions.

Josseau (J.-B.). Traité du Crédit foncier, suivi d'un traité du Crédit agricole et du Crédit foncier colonial, 2 volumes.

Jotemps. (Voir Perrault de Jotemps).

Joubert (Jules). (Voir Mérice-Joubert).

Joulie (H.). Guide pour l'achat et l'emploi des engrais chimiques.

Jourdier (A.) Le matériel agricole ou description et examen des instruments, machines, etc.

— L'agriculture à l'Exposition universelle de Londres en 1862.

Juge (Ch.). Petit traité sur les oiseaux. (Voir IV, Mélanges, série 11. Les oiseaux).

Julien (Stanislas). Résumé des principaux traités chinois sur la culture des mûriers et l'éducation des vers à soie.

Jullien (A.) Topographie de tous les vignobles connus.

— Manuel du Sommelier ou Instruction pratique sur la manière de soigner les vins.

K

Keleti (Charles). Rapport sur l'état de l'agriculture en Hongrie.

Klenze (Dʳ de). Traité pratique de laiterie, traduit par A. Delalonde.

L

Lachaume (J). Le rosier.

— Méthode élémentaire pour tailler et conduire soi-même les pêchers en espalier.

Ladrey (C.). L'art de faire le vin, 3ᵉ édition.

— La Bourgogne, revue œnologique et viticole 1859-1861, 3 volumes.

— Traité de viticulture et d'œnologie. 2ᵉ édition, 2 volumes.

Lafarge. (Voir Baudet-Lafarge).

Lafitte. (Voir Petit-Lafitte).

Laliman (L.). Études sur les travaux phylloxériques et les vignes américaines.

Lalire (F.). Lectures agricoles ou traité pratique d'agriculture.

Lalos. De la composition des parcs et jardins pittoresques.

Lambertye (Comte Léonce de). Éléments de jardinage.

— Le fraisier.

— Conseils sur le choix, la culture et la taille des arbres fruitiers.

— Conseils sur les semis de graines de légumes, 2e édition.

— Conseils sur les semis et la culture de légumes en pleine terre.

— Conseils sur la culture de légumes et de fleurs sous un, deux ou trois châssis pendant les douze mois de l'année.

— Conseils sur la culture du melon, concombre, courge et potiron.

— Conseils sur la culture de fleurs de pleine terre et de fenêtres.

— Les plantes à feuilles ornementales en pleine terre : Solanum, Canna, Bambusa, Gynerium, etc., 2 volumes.

Lamey (A.). Le chêne-liège en Algérie.

Lapommeraye (B.). (Voir Dr J.-B. Jaubert).

Lardier (J.-S.). Nouveau traité théorique et pratique sur les semis et les plantations des arbres.

Lassalle (de). Culture raisonnée, facile et économique des mouches à miel.

Lasserre (H.) Ne tuez pas vos amis. (Voir IV, Mélanges, série 11. Les oiseaux).

Laujoulet. Taille et culture des arbres fruitiers.

Laveleye (Emile de). L'agriculture belge.

Lavergne. (Voir Léonce de Lavergne).

Laure (H.). Guide du cultivateur du midi de la France, de la Corse et de l'Algérie.

— Les oliviers gelés en 1820. (Voir IV, Mélanges, série 6. Olivier.)

Lebeuf (A. Godefroy). Culture de l'asperge à la charrue, d'après la méthode Parent.

Lebeuf (V.-F.). Traité de l'amélioration des liquides.

— Révolution agricole ou moyen de faire des bénéfices en cultivant les terres.

— Engrais des jardins et des champs, moyens d'en fabriquer à bon marché.

— Culture et taille rationnelle et économique des poiriers, pruniers, cerisiers.

— L'horticulteur gastronome, bons légumes et bons fruits.

— Les asperges, fraises, figues, framboises et groseilles.

— Culture des champignons de couches et de bois et de la truffe.

Lechartier (M.-G.). Cours de chimie agricole, professé en 1870-72-74, 3 volumes.

Lecointe (H.). Enoncés de problèmes d'arithmétique contenant des données utiles pour l'agriculture, l'économie rurale, etc.

Lecoq (F.). Traité de l'extérieur du cheval et des principaux animaux domestiques.

Lecoq (Henri). Traité des plantes fourragères, 2e édition.

Lecouteux (Edouard). Guide du cultivateur améliorateur.

— Traité des entreprises de grande culture ou principes généraux d'économie rurale, 2ᵉ édition, 2 volumes.

— Le blé, sa culture intensive et extensive.

Le Docte (Max). Plantes racines.

Lefèvre (L'abbé). Traité élémentaire et pratique d'arboriculture.

Lefour. Animaux domestiques. Zootechnie générale, 2ᵉ édition.

— Le cheval, l'âne et le mulet, 4ᵉ édition.

— Comptabilité et géométrie agricole, 2ᵉ édition.

— Constructions rurales et mécanique agricole, 2ᵉ édition.

— Culture générale et instruments aratoires, 2ᵉ édition.

— Sol et engrais, 2ᵉ édition.

Lelieur de Ville-sur-Arce (Comte). La pomone française ou traité des arbres fruitiers.

Le Maout (Emm.). Leçons élémentaires de botanique, 2 volumes.

Lemaire (Ch.). Les plantes grasses autres que les Cactées. — Les Cactées. (Dans un des volumes reliés de la *Bibliothèque du Jardinier*.)

Lemichel (Eug.). Le cheval et le mulet.

Lenoir (A.) Notions usuelles d'agriculture.

Léon de Rosny. (Voir Rosny).

Léonce de Lavergne. Essai sur l'économie rurale de l'Angleterre, de l'Écosse et de l'Irlande, 2ᵉ édition.

— Économie rurale de la France depuis 1789, 3ᵉ édition.

Léouzon (A.). Manuel de la porcherie.

Lepelletier. (Voir Marx-Lepelletier).

Leroy (André). Dictionnaire de Pomologie, 6 volumes.

Leroy. (Voir Saintoin-Leroy).

Lescuyer (F.). Oiseaux de passage et tendues, 2ᵉ édition.

Levy (Dʳ L.). Amélioration du fumier de ferme par l'association des engrais chimiques.

Lhérault (Louis). Culture du figuier blanc d'Argenteuil.

Liebig (Justus). Chimie appliquée à la physiologie végétale et à l'agriculture, traduit de l'allemand par Ch. Gerhardt.

— Lettres sur la chimie.

— Les lois naturelles de l'agriculture, 2 volumes.

Liron d'Airoles (J. de). Liste synonymique historique des diverses variétés du poirier, anciennes, modernes et nouvelles.

— Les poiriers les plus précieux parmi ceux qui peuvent être cultivés à haute tige aux vergers et aux champs, 11ᵉ édition.

Lodieu (J.). Vaches laitières.

Loisel. Asperge, Melon, 7ᵉ édition, 1 volume. Les mêmes, 2ᵉ et 5ᵉ éditions. (Dans un des volumes reliés de la *Bibliothèque du Jardinier*.)

Lorentz (M.) et **A. Parade.** Cours élémentaire de culture des bois.

Low (David). Eléments d'agriculture pratique, traduit de l'anglais par J.-I. Laine, 2 volumes.

Lurieu (G. de) et **H. Romand.** Etudes sur les colonies agricoles de mendiants, jeunes détenus, orphelins et enfants trouvés en Hollande, Belgique, Suisse, France.

Lyel. Nouveaux éléments de géologie, traduit de l'anglais par Mme T. Meulien.

M

Maffre. Culture des jardins maraîchers du midi de la France.

— Culture de l'olivier en Algérie. (Voir IV, Mélanges, série G. Olivier.)

Magne (J.-H.). Le porc, sa multiplication, son élevage et son engraissement.

— Choix de vaches laitières, 6e édition.

Maillot (E.). (Voir Malpighi et Mélanges).

Malaguti (F.). Chimie appliquée à l'agriculture, 3 volumes.

Malo (Amand). Eléments de comptabilité rurale théorique et pratique.

Malpighi. Traité du ver à soie, traduit du latin par E. Maillot.

Maout. (Voir Le Maout).

Marchais (A.) Les jardins dans la région de l'oranger.

Marès (H.). Manuel du soufrage des vignes malades, 4e édition.

Marion (A.-F.). Applications du sulfure de carbone aux vignes. Campagnes de 1876 à 1882.

Mariot-Didieux. Guide de l'éleveur de dindons et de pintades.

Martin-Calmels. Les barrages-réservoirs en Algérie, le dévasement. Compte-rendu des expériences faites au Sig en 1879.(Brochure.)

Martinet (J.-B.-H.). L'agriculture au Pérou.

Marx-Lepelletier. Rosiers, violettes, pensées, primevères, auricules, balsamines, pétunias, pivoines, verveines. (Dans un des volumes reliés de la *Bibliothèque du Jardinier*.)

Mas et Pulliat. Le vignoble, 3 volumes.

Masquard (Eugène). Les maladies des vers à soie.

Mathieu de Dombasle (C.-J.-A.). Annales agricoles de Roville 1829-1837, 9 volumes.

— Traité d'agriculture publié par son petit-fils, 5 volumes.

— Calendrier du bon cultivateur ou manuel de l'agriculteur praticien.

Mauduit (Ferdinand). Semis, plantation et culture du poirier et du pommier.

Mauguin. Etudes historiques sur l'administration de l'agriculture en France, 3 volumes.

Maumane (E.). Traité théorique et pratique du travail des vins, 2ᵉ édition.

Mauny de Mornay. Livre de l'économie et de l'administration rurales ou Guide complet du fermier et de la ménagère.

— Livre du vigneron et du fabricant de cidre, poiré, cormé et autres.

— Guide du cultivateur ou Guide complet de la culture des champs.

Mauzan. Guide de l'éducateur de vers à soie.

Mayolle. (Voir Goussard de Mayolle).

Mazé (H.) et **A. Schramm.** Essai de classification des Algues de la Guadeloupe, 2ᵉ édition.

— Mollusques terrestres et fluviatiles de la Guadeloupe.

Meissner. (Voir Bush et Meissner).

Menault (Ernest). Le berger.

Mène (Ch.). Guide pratique pour l'analyse chimique des engrais.

Mentigny (Cᵗᵉ de). Education et dressage du cheval.

Mérice (E.). L'agriculture en Ecosse et en Irlande, traduit par H. Vilmorin. — La production agricole dans l'Inde méridionale. — L'agriculture en Australie, par Jules Joubert, 1 volume.

Mertens (Baron de) L'avenir de l'agriculture en France.

Métivier (Vicomte de). Mémoire sur les chenilles des bois et spécialement du chêne-liège.

Meugy (A.). Leçons élémentaires de géologie appliquée à l'agriculture.

Michaud. (Voir Marcellin Michaud (Mᵐᵉ).

Michel (J.-P.-A.). **de Saint-Maurice.** Guide pratique du cultivateur de mûriers, suivi d'une instruction sur la manière d'élever les vers à soie.

Millet-Robinet (Mᵐᵉ C.). Economie domestique, 4ᵉ édition.

— Basse-cour, pigeons et lapins, 5ᵉ édition.

Moll. Colonisation et agriculture de l'Algérie.

— Rapport sur l'état de la production des bestiaux en Allemagne, Belgique, Suisse. Extrait du journal d'agriculture pratique du mois de mai 1842.

Moll et Guyot. Encyclopédie de l'agriculteur. 13 volumes.

Monteil (Alexis). Histoire de l'agriculture en France.

Montmahon (C. de). La vie et les mœurs des insectes, extrait des Mémoires de Réaumur, 4ᵉ édition.

Morel (C.). Principes d'horticulture extraits des instructions pour les jardins fruitiers et potagers de la Quintinye.

Mornay. (Voir Mauny de Mornay).

Mortillet (P. de). Quarante poires pour les dix mois de juillet à mai.

— Le cerisier.

— Le pêcher.

— Le poirier.

Morvonnais (A. de la). Considérations sur l'économie rurale de la Bretagne.

2

Mouillefert (P.). Le phylloxéra.

Mussa (Louis). Pratique des engrais chimiques.

N

Nadault de Buffon. Des alluvions modernes, etc.

— Des canaux d'arrosage de l'Italie septentrionale dans leurs rapports avec ceux du Midi de la France. Traité théorique et pratique des irrigations, 3 volumes et atlas.

Naudin (Charles). L'amateur des jardins. (Voir Decaisne), 4 volumes.

— Le potager, jardin du cultivateur.

— Mémoires sur les Eucalyptus introduits dans la région méditerranéenne. (Brochure.)

Naudin (P.). (Voir Gourdon (J.).

Neumann. Notions sur l'art de faire les boutures.

Nicklès (Napoléon). Houblon, traduit de l'allemand de Erath, 2e édition.

Noël (Arthur). Essai sur les repeuplements artificiels et la restauration des vides et clairières des forêts.

Noirot. Traité de l'estimation et du partage des biens fonds.

Noisette (Louis). Traité complet de la greffe et de la taille.

— Manuel complet du jardinier, 5 volumes.

Noyon (N.). Statistique du département du Var. 1846.

Nysten (P.-H.). Recherches sur les maladies des vers à soie.

O

Odart (Comte). Ampélographie universelle ou Traité des cépages les plus estimés, 4º édition.

— Manuel du vigneron français, 3e édition.

Olivier de Serres. Le Théâtre d'agriculture et Mesnage des champs, 2 volumes.

Oppermann (C.-A.). Visites d'un ingénieur à l'Exposition universelle de 1867, 2e édition, texte.

Ott (Edm.). Etude sur la colonisation de l'Algérie et en particulier sur le département de Constantine.

P

Palladius. Les agronomes latins, texte et traduction. (Voir II).

Palmer (T.). La culture des Cactées.

Pamard (A.) et **Bouvier.** Compte rendu de la Commission météorologique du département de Vaucluse pour 1878 et 1882.

Pariset (Ernest). Histoire de la soie, 2 volumes.

Parmentier. Le parfait boulanger.

Pasteur (L.). Etudes sur la maladie des vers à soie, 2 volumes.

— Etudes sur le vin, ses maladies, etc.

— Etudes sur la bière, ses maladies, etc.

Payen (A.) et **A. Richard**. Précis théorique et pratique d'agriculture, 2 tomes en 1 volume.

Peligot (Eug.). Traité de chimie analytique appliquée à l'agriculture.

Pellault (Henri). L'art de s'enrichir par l'agriculture en créant des prairies.

Pelletan (J.). Pigeons, dindons, oies, canards.

— Manuel pratique du microscope appliqué à la sériciculture.

Pellicot (André). Traité élémentaire d'agriculture pratique pour le Midi de la France, 1re et 2e édition.

— Le vigneron provençal.

— Le calendrier du cultivateur provençal.

— Des oiseaux voyageurs et de leurs migrations sur les côtes de Provence.

Pendariès (Emmanuel). L'agriculture régularisée par l'Etat. Pétition au Sénat.

Pepin. Dahlias.

Peragallo (A.). L'olivier, son histoire, sa culture, ses ennemis, ses maladies et ses amis.

— Le frêlon, *Vespa cabro*, et son nid. (Dans le même volume).

Perrault de Jotemps. Traité de la comptabilité agricole.

Perreymond. Plantes phanérogames qui croissent aux environs de Fréjus.

Petit-Lafitte (Aug.). Principes élémentaires de botanique appliqués à l'agriculture de la région de l'Ouest.

— La vigne dans le Bordelais.

Picot (J.-B.-C.). Nouveau procédé de la taille de la vigne.

Pierre (Isidore). Manuel élémentaire de l'analyse des terres, amendements, engrais, etc.

— Chimie agricole, 2 volumes.

Planchon (J.-E.). Les vignes américaines, leur culture, leur résistance au phylloxéra, leur avenir en Europe.

Ponsort (Baron de). Œillet, 2e édition.

Pouyer-Quertier. Discours et conférence sur la situation économique, la marine marchande, etc. — **Feray** (Sénateur). Conférence sur la liberté commerciale, 1 volume.

Prunaire (Dr). L'art de colorer les vins avec la couleur naturelle du raisin.

Pulliat. (Voir Mas et Pulliat).

Puton (Alfred). L'aménagement des forêts, 2e édition.

Puvis (A.). De la taille des arbres fruitiers et de leur mise à fruit (Voir un des volumés reliés de la *Bibliothèque du Jardinier*.)

— De la dégénération et de l'extinction des végétaux et de la création de variétés nouvelles.

— Traité des amendements.

Puydt (P.-E. de). Culture des plantes de serre froide.

Q

Quenin (Dr). Manuel élémentaire d'agriculture à l'usage des écoles primaires du Midi.

Quertier. (Voir Pouyer-Quertier).

Quintinye (de la). (Voir C. Morel).

R

Rapin (Amédée). Du drainage à triple drain triangulaire.

— (Le Père.). Les jardins, poëme latin, texte et traduction par V. et G.

Raynaud (Joseph) de Nîmes. Guide pratique de la culture de l'olivier, son fruit, son huile. (Voir aussi Alexis Riondet.) L'olivier, 1 volume.

Rendu (Victor). Ampélographie française, 2e édition, 1857.

— Rapport sur la maladie de la vigne (Oïdium) dans le Midi de la France et le Nord de l'Italie.

— Voir Burger (Jean). — (Voir Schwerz).

Reynal (J.). Traité de la police sanitaire des animaux domestiques.

Ribbe (Charles de). La Provence au point de vue des bois, des torrents et des inondations avant et après 1789.

Richard (A.). (Voir Payen et Richard).

Richard (du Cantal). Dictionnaire raisonné d'agriculture et d'économie du bétail, 2e édition, 2 volumes.

— Etude du cheval de service et de guerre.

— Principes généraux sur l'amélioration des races de chevaux et autres animaux domestiques.

Richard et Boniface. De l'étude de la comptabilité agricole dans l'enseignement primaire.

Rimbaud (Benjamin). Le maraîcher du littoral de la Méditerranée.

Riondet (Alex.). L'agriculture de la France méridionale, 2 exemplaires.

— L'Olivier. (Voir aussi Raynaud).

Robert (Dr Eugène). Les destructeurs des arbres d'alignement.

— Les Ravageurs des Plantations d'alignement. (Voir Blanchère (H. de la).

Robinet (Joseph). Manuel du bouvier ou Traité de médecine pratique des bêtes à cornes, 2 tomes en 1 volume.

Robinet. (Voir Millet-Robinet (Mme).

Roche-Édouard (de Linas). Les martyrs du travail. (Le cheval, l'âne, le mulet, le bœuf, etc.)

Roger et **Sorel**. Codes et lois usuelles.

Rohart (F.). Etat de la question du phylloxéra.

Romand (H.). (Voir Lurieu).

Ronna (A.). Le blé aux Etats-Unis d'Amérique, production, transport, commerce.

Rosny (Léon de). Traité de l'éducation des vers à soie au Japon, traduit du Japonais.

Rothamsted. Trente années d'expériences agricoles, de MM. Lawes et Gilbert.

Royer. Des institutions de Crédit foncier en Allemagne et en Belgique.

Roullier (F.). Manuel pratique de droit rural.

Roullier-Arnoult. Guide pratique pour l'éclosion et l'élevage artificiels des oiseaux de chasse et de basse-cour.

Rousselon. Le jardinier pratique.

Rousset (Antonin). Culture et exploitation des arbres.

Rovasenda (Comte J. de). Essai d'une ampélographie universelle.

S

Sacc (Dr F.). Précis élémentaire de chimie agricole, 2e édition, 1 volume
— 3e édition. Chimie du sol, — des animaux, des végétaux, 3 volumes.

Sagnier (Henri). L'Agriculture en Italie.

Saint-Gal (M.-J.). Flore des environs de Grand-Jouan.

Saint-Hilaire. (Voir Jaume Saint-Hilaire).

Saintoin-Leroy. Mémorial de l'agriculteur, comptabilité agricole.
— Pratique de la tenue des livres en agriculture.

Sanson (André). La maréchalerie ou ferrure des animaux domestiques.
— Les moutons, histoire naturelle et zootechnie.
— Notions usuelles de médecine vétérinaire, 4e édition.
— Economie du bétail. Traité de zootechnie, 4 volumes.

Sauvage (H. de). Comptabilité agricole.

Savatier (Dr Lud). (Voir A. Franchet).

Schlœsing (Th.). Le tabac, sa culture, etc.

Schramm (A.). (Voir Mazé).

Schützenberger. Les fermentations.

Schwerz. Manuel de l'agriculteur commençant, traduit de l'allemand, par Ch. et F. Villeroy, 5e édition.
— Assolements et culture des plantes de l'Alsace, traduit par V. Rendu.

Seriziat (le Dr). Histoire des coléoptères de France, précédée d'une introduction par Ch. Naudin.

Serres. (Voir Olivier de Serres).

Sicard (Dr Adrien). Monographie de la canne à sucre de la Chine, dite Sorgho à sucre, 2e édition.

Sinéty (Comte de). Agriculteur du Midi.

Sirand. Étude sur la maladie des vers à soie.

Sorel et **Roger.** Codes et lois usuelles.

Surrel (Alexandre). Étude sur les torrents des Hautes-Alpes, 2e édition avec une suite par Ernest Cézanne, 2 volumes.

Sybillin (C.). Maladie de la vigne ou le phylloxéra, les causes qui l'ont produit, etc.

T

Tassy (L.). Études sur l'aménagement des forêts, 2e édition.

Tavernier (Charles). Usages et règlements locaux ayant force de loi dans le département des Bouches-du-Rhône.

Thaër (A.). Principes raisonnés d'agriculture, traduit de l'allemand par le baron E. V. B. Crud, 4 volumes et atlas.

Thévenet (P.). Barème de l'agriculteur et du commerçant.

Thibaut. Culture des Pélargoniums. (Voir aussi un des volumes reliés de la *Bibliothèque du Jardinier.*)

Thomas (Jean-Bazile). Traité général de statistique, culture et exploitation des bois, 2 volumes.

Thouin (André). Cours de culture, 3 volumes et atlas.

Tournier (Paul). L'Art de découvrir les sources propres à donner des fontaines jaillissantes.

Travanel (Mis de). Physiologie de la terre, études géologiques et agricoles.

— Préservatif d'agronomie empirique ou Lettres agricoles adressées à un débutant.

— Mémoires de M. Cincinnatus Fenouillet, à la poursuite du progrès agricole ou l'Agriculture en roman.

Tréhonnais (F.-R. de la). L'Agriculture de l'Angleterre, (traduit par).

Trouillet (Eloi). Culture de la vigne en plein champ sans échalas ni attache.

Tschudi (Fréd.). Les Insectes nuisibles et les Oiseaux. (Voir IV. Mélanges. Série II. Les Oiseaux.)

V

Valserre (Jacques). Culture lucrative de la truffe par le reboisement.

— Instructions pour la culture de la truffe, 2e édition.—G. Duclaud. Rapport sur la trufficulture, 1 volume.

Varenne de Fenille. Œuvres agronomiques et forestières.

Varron. Les agronomes latins. Texte et traduction. (Voir II.)

Vial (C.). Engraissement du bœuf, 2e édition.

Vianne (Ed.). Guide de l'agriculteur.

— Prairies et plantes fourragères. — Les prairies artificielles, 1 volume.

Vias (A.). Culture de la vigne en chaintres, 2ᵉ édition.

Vidalin (F.). Pratique des irrigations en France et en Algérie.

Viel (Ch.). Entretiens d'un instituteur sur l'utilité des oiseaux.

Vignole (A.). La ruche, méthode nouvelle essentiellement pratique.

Villeneuve (Comte L. de). Manuel pratique d'agriculture à l'usage des départements du sud-ouest, 2ᵉ édition, 2 volumes.

Villeneuve-Flayosc (Comte H. de). Description minéralogique et géologique du Var et des autres parties de la Provence, avec application de la géologie à l'agriculture, au gisement des sources et des cours d'eau.

Villeroy (Félix). Manuel de l'éleveur de bêtes à cornes, 6ᵉ édition. (Voir Schwerz.)

Villiers de l'Isle-Adam (Baron). Notions d'agriculture à l'usage des écoles primaires.

Vilmorin (A.). La production agricole dans l'Inde méridionale, (traduit par). (Voir Mérice.)

Vilmorin Andrieux. Les meilleurs blés.

— Les Fleurs de pleine terre. Texte et atlas. Supplément.

— Instructions sur les semis de fleurs de pleine terre.

— Les plantes potagères.

Vimont (G.). Rapport présenté au nom de la Commission internationale de viticulture en 1878.

Virgile. Les Géorgiques. Texte et traduction littérale et française. Texte et traduction en vers. (Voir Delille.)

Vitard (A.). Manuel populaire du drainage, 2ᵉ édition.

Voitellier. L'Incubation artificielle et la Basse-cour.

Y

Ysabeau. Le jardinier de tout le monde.

II

Agronomes latins (les) : Caton, Columelle, Palladius, Varron, texte et traduction ; de la collection Nisard, 1 volume.

Almanach du bon jardinier pour l'année 1878, 2 volumes. — Figures pour l'Almanach 18e édition, 1 volume.

Art de faire le beurre et les meilleurs fromages, par divers auteurs, 2e édition.

Bon jardinier (le), pour l'année 1868.

Cochinchine française (la) en 1878.

Coléoptères (les), 1 volume in-4o illustré, édité par Rothschild.

Congrès international phylloxérique de Bordeaux, du 9 au 16 octobre 1881.

Congrès viticole de la région du Sud-Est, tenu à Draguignan, les 27 et 28 mai 1882.

Cours complet d'agriculture ou Nouveau Dictionnaire d'agriculture, d'économie rurale et de médecine vétérinaire, publié sous la direction de L. Vivien, 3e édition, 12 volumes dont 2 de planches et 1 d'explication. (Manque le t. II.)

Dictionnaire de botanique. (Voir I. Baillon.)

Drainage. — Lois et documents relatifs au drainage.

Femmes. — Du rôle des femmes dans l'agriculture, par P. E. C. (Cazeaux).
— Manuel de la fille de basse-cour.

France. — Statistique de la France, pour la période décennale de 1852-1862.

Fromage. — Pratique de la fabrication du fromage façon Hollande, à Saint-Angeau (Cantal.)

Greffage. — Résumé des leçons pratiques sur le greffage des vignes américaines, faites à Montpellier en mars 1880.

Insectes (Histoire naturelle des), 10 volumes figures coloriées. (Encyclopédie Roret).

Jardinier françois (le), 1737.

Lapin-Bélier (Manuel spécial pour l'élevage du), par un Amateur.

Livre de la ferme et des maisons de campagne (le), publié sous la direction de P. Joigneaux, 2 volumes.

Maison rustique du XIXe siècle (la), publié sous la direction de E. Bailly, 5 volumes.

Manuel pratique des négociants en vins et spiritueux, des propriétaires, vignerons et tonneliers.

Porcs. — Du traitement des porcs aux différentes époques de l'année. Extrait de l'anglais par J.-A.-G.

Tapets. — Notice sur la mine de soufre des Tapets, à Apt (Vaucluse).

III

OUVRAGES DIVERS

AGRICULTEURS. Assemblées générales des Présidents et Délégués des Sociétés agricóles de France, tenues à Paris le 29 mars 1879 et le 3 mai 1880, sous la présidence de M. Estancelin.

— Procès-verbaux de la réunion des Agriculteurs de l'assemblée nationale 1872-1873, tomes II et III, 2 volumes.

ALGÉRIE. Topographie agricole ; état de l'agriculture algérienne, publié par le Comice agricole d'Alger.

ANIMAUX. Concours d'animaux de boucherie, à Poissy et à Lyon en 1847.

— Concours d'animaux reproducteurs, instruments, machines, etc., de 1860 à 1863, 4 volumes.

— La production animale et végétale; études faites à l'Exposition universelle de 1867.

— Tableau analytique et résumé des documents relatifs aux épizooties et aux enzooties adressés par les Préfets, de 1864 à 1868.

BOULANGERIE. Enquête sur la boulangerie du département de la Seine, 1er et 2me rapports, 2 volumes.

— Rapport et procès-verbaux de la Commission du pain réglementaire.

CONGRÈS. Congrès central d'agriculture, 1845, 1846, 1850, 1851, 3 volumes.

— Compte rendu des séances agricoles des délégués des Sociétés savantes, session de 1866.

— Actes du Congrès de vignerons français, 1844-1847-1860, 3 volumes.

— International phylloxérique de Bordeaux, du 9 au 16 octobre 1881.

— Viticole de la région du Sud-Est, tenu à Draguignan, les 27 et 28 mai 1882.

ÉCHANGE. Documents publiés par la Commission du libre échange de Bordeaux, en 1869.

ENQUÊTE AGRICOLE. Enquête sur les engrais industriels, 2 volumes.

— (2e série), Enquête départementale de la 24e circonscription : Basses-Alpes, Var, Alpes-Maritimes.

— (3e série). Dépositions orales reçues par la Commission supérieure.

— (1re série). Documents généraux, décrets rapports, etc., séances de la Commission supérieure, tomes I, III, IV, 3 volumes.

— (4e série). Documents recueillis à l'étranger, tomes I, II, III, 3 volumes.

EXPOSITIONS. Rapport sur l'Exposition universelle de 1855.

— Rapport du jury mixte international sur l'Exposition universelle de 1855.

EXPOSITIONS. Exposition générale des produits de l'agriculture à Alger, en 1862.

— Rapport de la Commission algérienne sur l'Exposition universelle de Vienne, en 1873.

— L'Empire du Brésil à l'Exposition universelle de Vienne, en 1873.

— L'Agriculture à l'Exposition universelle de Vienne en 1834, par par Eugène Tisserand.

FROMENT. Tableau des prix moyens de l'hectolitre de froment en France, de 1800 à 1870.

HARAS. Procès-verbaux des séances du Conseil supérieur des haras, en 1850.

PHYLLOXÉRA. Commission départementale de l'Hérault. Expériences faites à Las Sorres ; résultats pratiques des procédés présentés au concours.

— Commission supérieure du phylloxéra, sessions de 1878-1879-1880-1881.

— Comités d'études et de vigilance, rapports et documents, 1877 à 1879.

— Instructions de la Compagnie P.-L.-M., sur l'emploi du sulfure de carbone.

PRIMES D'HONNEUR. Les Primes d'honneur décernées dans les concours régionaux, en 1865, 1866, 1867, 1869, 1870, 1871, 1872, 7 volumes.

— Liste des Primes d'honneur décernées de 1857 à 1871.

TOULON (Ville de). Compte-rendu des travaux de la Chambre de Commerce de Toulon, 1862-63, 1869-71, 1872-73, 1874-75, 1881-82, 5 brochures.

— Inventaire sommaire des archives communales, antérieures à 1790, 2 volumes.

VAR. Conseil général du Var, 1844, 1859, 1867 à 1869, 1874 à 1883, 25 volumes ou brochures.

IV

VOLUMES FACTICES

FORMÉS PAR LA RÉUNION DE BROCHURES DIVERSES

1re Série : A. à M., 13 volumes.
2e Série : 1 à 31, 31 volumes.

V

JOURNAUX AGRICOLES, HORTICOLES, SÉRICICOLES, ETC.

L'*Agriculteur praticien*, revue de l'agriculture française et étrangère, 1853 à 1860, 7 volumes.

Annales de l'agriculture française, 1839 à 1849, 28 volumes.

Annales agronomiques, 1851, 2 volumes.

Annales agronomiques, par Deberain, directeur, 1883, 1 volume.

Annales de l'Institut agronomique, 1re année, 1852, 1re et 2e livraisons, 2 volumes.

Annales de l'Institut national agronomique, 1876–1877, 1 volume.

Annales de la Colonisation algérienne, 1852 à 1858, 14 tomes en 7 volumes.

Annales provençales d'agriculture pratique et d'économie rurale, 1827 à 1855, 28 volumes.

Nouvelles annales provençales d'agriculture pratique et d'horticulture, 1869, 1 volume.

Journal de Flore et des jardins, 1832, 1 volume, (le suivant l'a remplacé et continué).

Annales de Flore et de Pomone ou Journal des jardins et des champs, 1832 à 1845, 13 volumes.

Annales de Pomologie belge et étrangère, 1853 à 1860, 8 volumes.

Annales de la Société d'horticulture de Paris, 1840 à 1847, 8 volumes, et portant le même titre au dos : Bulletin de la Société d'horticulture de la Seine, 1853 à 1854, 2 volumes; en tout 10 volumes.

Annales de la Société séricicole, 1837 à 1851, 13 volumes.

Annuaire agricole de Javel, 1880 et 1881, 2 volumes.

L'*Apiculture*, (journal mensuel), 1881, 1 volume.

Le *Véritable assureur des récoltes*, journal des engrais, par Turrel, 1840 à 1851, 5 volumes.

La *Belgique horticole*, journal des jardins, des serres et des vergers, par Ch. Morren, 1851, 1852, 1854, 3 volumes.

La *Bourgogne*, revue œnologique et viticole, par C. Ladrey, 1859 à 1861, 3 volumes.

Bulletin de la Société pomologique de France, 2e série, 1 volume.

Le *Cultivateur*, journal des progrès agricoles, 1844 à 1848, 5 volumes.

Le *Cultivateur Agenais*, revue populaire d'agriculture, 1864, 1 volume ; 1880 à 1883, 1 volume.

Le *Cultivateur de la région Lyonnaise*, publié sous la direction de P. Duplat et Bourgeon, 1873 à 1880, 8 volumes.

Le *Cultivateur Toulonnais*, publié par A. Pellicot, 1846, 1847, 2 volumes

Flore des serres et des jardins de l'Europe, journal général d'horticulture, sous la direction de Decaisne et Van-Houtte, 1856, 1 volume.

L'*Horticulteur français*, journal des amateurs et des intérêts horticoles, rédigé par F. Hering, 1851 à 1857, 7 volumes; 1869 à 1872, 3 volumes.

L'*Horticulteur provençal*, journal des serres et des jardins, 1848 à 1853, 6 tomes en 3 volumes.

L'*Illustration horticole*, journal spécial des serres et des jardins, rédigé par Lemaire et publié par Ambroise Verschaffett, 1869 à 1883, 14 volumes.

L'*Insectologie agricole*, 1867 à 1869, 1 volume.

Bulletin d'insectologie agricole, journal mensuel de la Société centrale d'apiculture et d'insectologie, 1875 à 1880, 2 volumes.

Journal d'agriculture pratique, de E. Lecouteux, 1837 à 1883, 78 volumes.

Journal de l'agriculture, fondé et dirigé par J. A. Barral, 1866 à 1883, 35 volumes.

Bulletin hebdomadaire du journal de l'agriculture, 1867 à 1870, 4 volumes.

Journal d'agriculture progressive, par Ed. Vianne et J. Grandvoinnet, 1859 à 1866, 8 volumes, et 1878, 1879 (incomplets), 2 volumes; total : 10 volumes.

Journal des campagnes, par Ed. Vianne, 1879 à 1883, 3 volumes.

Journal de la Société d'agriculture et de commerce du département du Var, publié sous la direction de J.-F. Michel, 1838 à 1841, 2 volumes.

Journal d'agriculture du département du Var, publié sous la direction de J.-F. Michel, 1842 à 1845, 2 volumes

Journal des roses, par Camille Bernardin, 1877 à 1882, 3 volumes.

Journal de viticulture pratique, par P. Le Sourd, 1866 à 1872, 6 volumes.

La *Ligue de l'agriculture* sous la direction de M. Estancelin, 1880 à 1883, 3 volumes.

La *Maison de campagne*, journal agricole et horticole illustré, par Edouard Le Fort, 1879 à 1883, 3 volumes.

Le *Messager agricole du Midi*, par le Dr F. Cazalis, 1860 à 1883, 20 volumes.

Le *Monde horticole*, revue des sociétés d'horticulture de la France et de l'Etranger, 1re année, 1883.

Le *Moniteur des Comices et des cultivateurs*, 1856 à 1859, 4 volumes.

Le *Moniteur d'horticulture*, directeur Lucien Chauré, 1882, 1883.

Le *Moniteur de la propriété et de l'agriculture*, sous la direction d'Emile Jacquemin, 1840 à 1851, 12 volumes.

Le *Nord-Est agricole et horticole*, publié à Troyes, 1877-78, 1 volume.

Le *Paysan*, journal des intérêts agricoles de la région Lyonnaise, 1872-73, 1 volume.

Le *Progrès agricole et viticole*, journal d'agriculture méridionale, directeur L. Degrully, 1re année 1884.

La *Provence agricole et horticole illustrée*, publiée à Toulon, par M. Drageon, 1881 à 1883, 2 volumes.

La *Provence du littoral* et le *Littoral méditerranéen* publiés à Hyères, par Nardy, 1877 à 1879, 1 volume.

Recueil annoté des lois, décrets et documents officiels relatifs à l'agriculture, la viticulture, etc., par H. Johanel et Ameline de la Briselaine, 1878 à 1880, 1 volume.

Recueil encyclopédique d'agriculture, publié par Boïtel et Loudet, 1851 et 1852, 2 volumes.

La *Réforme sociale*, 1881-1882, 2 volumes incomplets.

La *Revue agricole*, 1839 à 1847, 9 volumes.

Revue agricole et forestière de Provence, publiée à Aix, par M. de Falbaire, 1861 à 1876, 15 volumes.

Revue anti-phylloxérique internationale (à Vienne, Autriche) n° 1 à 10, 1881 à 1882.

Revue d'économie rurale, publiée sous la direction de M. de Lavalette, 1867 à 1870, 4 volumes.

(N. B. — Le volume de 1867 est broché et incomplet), 1883, 1 volume.

Revue horticole, journal d'horticulture pratique, sous la direction de E. A. Carrière, 2e série, 1841 à 1851, in-12°, 10 volumes ; 1851 à 1860, in-8°, 9 volumes ; de 1861 à 1883, grand in-8°, 23 volumes, total : 36 volumes.

Revue des jardins et des champs, sous la direction de J. Cherpin, 1860 à 1867, 3 volumes.

Revue des travaux scientifiques, 1881, 1882, 2 volumes.

Revue universelle de sériciculture, journal mensuel, publié à Lyon sous la direction de P. Duplat, 1867 à 1870, 1 volume.

Le *Sud-Est*, journal agricole et horticole, publié à Grenoble, par P. de Mortillet, 1879 à 1883, 4 volumes.

L'*Union vétérinaire* et la *Clinique vétérinaire*, publiés sous la direction de E. Serres, 1864 à 1868, 4 volumes.

La *Vigne américaine*, publié par M. Robin et V. Pulliat, 1877 à 1882, 3 volumes.

VI

BULLETINS DES SOCIÉTÉS CORRESPONDANTES

AIN. Trévoux. Bulletin du Comice agricole de Trévoux, 1879 à 1883. En livraisons.

ALLIER. Moulins. Bulletin-journal de la Société d'agriculture de l'Allier, 1879 à 1883. 5 volumes.

— Moulins. Annales de la Société d'horticulture de l'Allier, 1852 à 1856. 1 volume.

ALPES-MARITIMES. Cannes. Bulletin de la Société agricole et horticole de Cannes et de l'arrondissement de Grasse, 1866 à 1872, 1878. 1 volume.

— Nice. Bulletin de la Société centrale d'agriculture, d'horticulture et d'acclimatation de Nice et des Alpes-Maritimes, 1860 à 1882. 5 volumes.

ARDÈCHE. Privas. Bulletin de la Société d'agriculture du département de l'Ardèche, 1860 à 1879. 14 volumes.

ARIÈGE. Foix. Annales agricoles de l'Ariège, 1839 à 1841. 2 volumes.

AUBE. Troyes. Bulletin agricole du Comice départemental de l'Aube, 1878 à 1882. 2 volumes.

— Troyes. Annales de la Société horticole, vigneronne et forestière de Troyes, 1878 à 1881. 1 volume.

AUDE. Carcassonne. Journal de la Société centrale d'agriculture de l'Aude, 1879 à 1882. 2 volumes.

— Narbonne. Bulletin du Comice agricole de l'arrondissement de Narbonne, 1864 à 1878. 3 volumes.

AVEYRON. Rodez. Bulletin de la Société centrale d'agriculture de l'Aveyron, 1855, 1877 à 1879. 1 volume.

BOUCHES-DU-RHÔNE. Marseille. Bulletin de la Société départementale d'agriculture des Bouches-du-Rhône, 1857 à 1882. 10 volumes.

— Revue horticole des Bouches-du-Rhône, journal des travaux de la Société d'horticulture de Marseille, 1854 à 1881. 14 volumes.

— Bulletin de la Société botanique et horticole de Provence, 1879 à 1881. 1 volume. (A cessé de paraître.)

CHARENTE-INFÉRIEURE. La Rochelle. Bulletin de la Société d'agriculture de la Rochelle, 1866 à 1875. 1 volume.

— Rochefort. Travaux de la Société d'agriculture, belles-lettres, sciences et arts de Rochefort, 1870 à 1878. 1 volume.

CÔTE-D'OR. Dijon. Bulletin de la Société d'horticulture de la Côte-d'Or, 1878 à 1882. 2 volumes.

— Journal d'agriculture de la Côte-d'Or, publié par la Société d'agriculture et industries agricoles du département, 1864 à 1875. 3 volumes.

CÔTE-D'OR. Mémoires de l'Académie des sciences, arts et belles-lettres de Dijon, 1852-1853 et 1858-1859. 2 volumes.

EURE. Evreux. Recueil des travaux de la Société libre d'agriculture, sciences, arts et belles-lettres de l'Eure, 1880 et 1881. 1 volume.

EURE-ET-LOIR. Chartres. Bulletin de la Société d'horticulture et de viticulture d'Eure-et-Loir, 1877 à 1882. 3 volumes.

GARD. Alais. Bulletin du Comice agricole de l'arrondissement d'Alais, 1858 à 1867. 2 volumes.

— Nimes. Bulletin de la Société d'agriculture du Gard, 1840 à 1879. 12 volumes.

GERS. Auch. Revue agricole et horticole, bulletin de la Société d'agriculture et d'horticulture du Gers, 1855 à 1881. 12 volumes.

GIRONDE. Bordeaux. Nouvelles annales de la Société d'horticulture de la Gironde, 1866 à 1883. 3 volumes.

— . Annales de la Société d'agriculture du département de la Gironde, 1879 à 1883. 4 volumes.

— Libourne. Bulletin de l'association viticole de l'arrondissement de Libourne, 1875 à 1878. 1 volume.

HAUTE-GARONNE. Toulouse. Journal d'agriculture pratique et d'économie rurale pour le Midi de la France, publié par les Sociétés d'agriculture de la Haute-Garonne, de l'Ariège et du Tarn, 1879 à 1883. 5 volumes.

— Toulouse. Annales de la Société d'horticulture de la Haute-Garonne, 1878 à 1883. 3 volumes.

HAUTE-VIENNE. Limoges. Bulletin trimestriel de la Société d'horticulture de Limoges, 1879 à 1881. 1 volume.

HÉRAULT. Béziers. Bulletin trimestriel du Comice agricole de l'arrondissement de Béziers, 1876 à 1883. 2 volumes.

— Montpellier. Bulletin de la Société centrale d'agriculture et des Comices agricoles du département, 1868 à 1876. 1 volume.

— Annales de la Société d'horticulture et d'histoire naturelle de l'Hérault, 1861 à 1883. 8 volumes.

ILLE-ET-VILAINE. Rennes. Bulletin et Mémoires de la Société archéologique du département, 1879. 1 volume.

INDRE. Châteauroux. Bulletin de la Société d'agriculture de l'Indre et de la Station agronomique de Châteauroux, 1868 à 1880. 7 volumes.

INDRE-ET-LOIRE. Tours. Annales de la Société d'agriculture, sciences, arts et belles-lettres du département d'Indre-et-Loire, 1870 à 1879. 4 volumes.

ISÈRE. Grenoble. Bulletin mensuel officiel agricole et horticole du Conseil départemental et des Sociétés d'agriculture de l'Isère, 1879 à 1883. 2 volumes.

JURA. Poligny. Bulletin de la Société d'agriculture, sciences et arts de Poligny, 1879 à 1883. 5 volumes.

LOIR-ET-CHER. Blois. Mémoires de la Société des sciences et lettres de Loir-et-Cher, 1870 à 1877. 2 volumes.

LOIRE. Saint-Etienne. Annales de la Société d'agriculture, industrie, sciences, arts et belles-lettres du département de la Loire, 1880 à 1882. 3 volumes.

LOIRE-INFÉRIEURE. Nantes. Annales de la Société Nantaise d'horticulture, 1877 à 1882. 5 volumes.

LOIRET. Orléans. Bulletin du Comice agricole de l'arrondissement d'Orléans, 1877 à 1879. 1 volume.

— Bulletin de la Société d'horticulture d'Orléans et du Loiret, 1874 à 1882. 3 volumes.

LOT. Cahors. Bulletin de la Société agricole et industrielle du département du Lot, 1879 à 1882. 2 volumes.

LOT-ET-GARONNE. Agen. Recueil des travaux de la Société d'agriculture, sciences et arts d'Agen, 1859. 1 volume.

— *Le cultivateur Agenais*, 1864. 1 volume. 1880 à 1883. 1 volume.

LOZÈRE. Mende. Bulletin de la Société d'agriculture, industrie. sciences et arts du département de la Lozère. I. Partie agricole, 1880 à 1883. 3 volumes. II. Partie historique, 1880 à 1883. 4 volumes.

MAINE-ET-LOIRE. Angers. Annales de la Société d'horticulture de Maine-et-Loire, 1876 à 1880. 2 volumes.

— Bulletin de la Société agricole et industrielle d'Angers et du département de Maine-et-Loire, 1847 à 1880. 20 volumes.

MANCHE. Cherbourg. Bulletin de la Société d'horticulture de Cherbourg, 1871 à 1882. 2 volumes.

MARNE. Epernay. Bulletin de la Société d'horticulture de l'arrondissement d'Epernay, 1874 à 1883. 3 volumes.

— Reims. Bulletin mensuel du Comice agricole de Reims, 1880 à 1883. 2 volumes.

MEURTHE-ET-MOSELLE. Nancy. *Le bon cultivateur*, organe de la Société centrale d'agriculture de Meurthe-et-Moselle. du Comice de Nancy et de la station agronomique de l'Est, 1879 à 1881. 1 volume.

— Bulletin de la Société centrale d'horticulture de Nancy, 1879 à 1882. 2 volumes.

MOSELLE. Metz. Mémoires de l'Académie de Metz, 1849 à 1857 (manque 1852). 9 volumes.

NIÈVRE. Nevers. Bulletin de la Société départementale d'agriculture de la Nièvre, 1878 à 1881. 1 volume.

NORD. Douai. Bulletin agricole de la Société d'agriculture de l'arrondissement de Douai, 1876 à 1882. 3 volumes.

— Lille. Archives de l'agriculture du nord de la France, publiées par le Comice agricole de Lille, 1879 à 1883. 5 volumes.

— Valenciennes. Revue agricole, industrielle, littéraire et artistique de la Société d'agriculture, sciences et arts de l'arrondissement de Valenciennes, 1879 à 1882. 2 volumes.

PAS-DE-CALAIS. Arras. Station agricole du Pas-de-Calais. Travaux, 1873 à 1877. 1 volume.

PAS-DE-CALAIS. Boulogne-sur-Mer. Bulletin de la Société d'agriculture de l'arrondissement de Boulogne-sur-Mer, 1873 à 1879. 2 volumes.

PYRÉNÉES-ORIENTALES. Perpignan. Société agricole scientifique et littéraire des Pyrénées-Orientales, 1854 à 1881. 14 volumes (manquent 2 volumes 1866 et 1867).

— Bulletin du Comice viticole des Pyrénées-Orientales, 1873 à 1880. 1 volume.

RHÔNE. Lyon. Bulletin de la Société d'horticulture pratique du Rhône, 1857 à 1883. 11 volumes.

— Ecully-les-Lyon. Annales de l'Institut expérimental agricole du Rhône, 1880 à 1882. 3 volumes (A cessé de paraître avant la fin de 1882).

SAVOIE. Chambéry. Bulletin trimestriel de la Société centrale d'agriculture du département de la Savoie, 1873, 1879 à 1883, 5 volumes.

SEINE. Paris. Bulletin mensuel de la Société d'acclimatation, 1854 à 1883. 30 volumes.

— Annuaire de la Société zoologique d'acclimatation pour 1863. 1 volume.

— Bulletin de la Société des Agriculteurs de France 1869 à 1883. 12 volumes.

— Annuaire ou compte rendu des travaux de la Société des Agriculteurs de France, 1878 à 1883. 12 volumes.

— Bulletin des séances de la Société nationale d'agriculture, 1853 à 1883. 30 volumes.

— Séances publiques annuelles de la Société nationale d'agriculture, 1855 à 1876. 4 volumes. 1880 à 1883. 1 volume. (Plusieurs séances ont été reliées avec le Bulletin des séances mensuelles.)

— Mémoires publiés par la Société nationale d'agriculture, 1847 à 1883. 41 volumes.

— Journal de la Société centrale d'horticulture de France, 1855 à 1883. 29 volumes.

— Bulletin mensuel de la Société protectrice des animaux, 1862 à 1865 ; 1873 à 1882, 14 volumes.

SEINE-INFÉRIEURE. Le Havre. Bulletin du cercle pratique d'horticulture et de botanique de l'arrondissement du Havre, 1877 à 1882. 1 volume.

— Le Havre. Bulletin de la Société des sciences et arts agricoles et horticoles du Havre, 1879 à 1881. 1 volume.

— Rouen. Bulletin de la Société centrale d'horticulture de la Seine-Inférieure, 1878 à 1882. 2 volumes.

SEINE-ET-OISE. Pontoise. Bulletin de la Société d'agriculture et d'horticulture de Pontoise, 1868 à 1880. 1 volume.

— Saint-Germain-en-Laye. Bulletin de la Société d'horticulture de Saint-Germain, 1864 à 1867. 1 volume.

SÈVRES (DEUX-). Niort. *Maître Jacques*, journal d'agriculture publié par la Société centrale d'agriculture du département des Deux-Sèvres à Niort, 1862 à 1883. 17 volumes.

Somme. Amiens. Bulletin de la Société d'horticulture de Picardie, 1878 à 1881. 1 volume.

— Mémoires de l'Académie des sciences, arts et belles-lettres d'Amiens et de la Somme 1864 à 1882 (manque le tome VI de 1866 à 1867). 14 volumes.

— Bulletin du Comice agricole de l'arrondissement d'Amiens, 1880 à 1883. En numéros.

Var. Draguignan. Bulletin de la Société d'agriculture, de commerce et d'industrie du département du Var, 1846 à 1881. 9 volumes.

— Toulon. Bulletin trimestriel de la Société des sciences, arts et belles-lettres, 1839 à 1866. 10 volumes.

— Bulletin de la Société académique du Var, 1873, 1876 et 1880. 6 tomes ou brochures.

— Bulletin du Comice agricole, horticole et forestier de l'arrondissement de Toulon, 1850 à 1880. 6 volumes.

— Bulletin de la Société d'horticulture et d'acclimatation du Var, 1869 à 1880. 3 volumes.

— Bulletin de la Société d'agriculture, d'horticulture et d'acclimatation du Var, Tomes I et II, 1880 à 1883. 1 volume.

Vaucluse. Apt. Bulletin du Comice agricole de l'arrondissement d'Apt, 1858 à 1878. 7 volumes.

— Avignon. Bulletin de la Société d'agriculture et d'horticulture du département de Vaucluse, 1864 à 1883. 20 volumes.

— Carpentras. Bulletin du Comice agricole de l'arrondissement de Carpentras, 1873 à 1882. 2 volumes.

Vienne. Poitiers. Bulletin de la Société académique d'agriculture, belles-lettres, sciences et arts de Poitiers, 1863 à 1880. 6 volumes.

Vosges. Epinal. Bulletin de la Société d'horticulture et de viticulture des Vosges, 1873 à 1879. 1 volume.

Bulletins dépareillés de quelques Sociétés d'agriculture et d'horticulture. 9 volumes.

COLONIES FRANÇAISES

Algérie. Alger. Bulletin de la Société d'agriculture d'Alger, 1860 à 1881. 6 volumes.

— L'*Algérie agricole*, bulletin de la colonisation, publié sous la direction du Comice agricole d'Alger, 1872 à 1880. 2 volumes.

— Oran. Bulletin agricole de la province d'Oran, 1876 à 1883. 3 volumes.

— Bel-Abbès. Bulletin du Comice agricole de Bel-Abbès, 1876 à 1882. 3 volumes.

Cochinchine. Saïgon. Bulletin du Comité agricole et industriel de la Cochinchine, 1865 à 1881. 5 volumes.

PAYS ÉTRANGERS

Suisse. Genève. Bulletin de la Société d'horticulture de Genève, 1878 à 1883. 3 volumes.

CATALOGUE ALPHABÉTIQUE

Par ordre de Matières

N. B. Ce Catalogue ne comprend que les quatre premières divisions du Catalogue général. Pour tous les articles suivants et pour d'autres renseignements consulter les tables particulières des journaux agricoles V, et celles des Bulletins des Sociétés correspondantes VI, du Catalogue général.

Les recherches par noms d'auteurs ne peuvent être faites que dans la section I.

A

Abeilles, I, Bertin, Collin, Donot, Frarière, Lasalle, Vignole, Desormes.

Abordages, I, Caffaréna.

Abricots, I, A. Leroy.

Abricot pêche de Nancy, décrit par Mas, IV, série 2.

Abricotier, sa culture en Provence, par E. Mourret, IV, série C.

Adaptation au sol des vignes américaines, IV, série J.

Agriculture, 1º Traités généraux, I, Daudin, Gasparin, Girardin et Du Breuil, Gossin, Joigneaux, Lecouteux, Low, Mathieu de Dombasle, Moll et Gayot, Payen et Richard, Thaër, Thouin, Vianne, Villeneuve.

— 2º A. des écoles et petits traités, I, Chaillot, Grollier, Lalire, Lebeuf, Lefour, Lenoir, Mariny de Mornay, Pellicot, Quenin, Schwertz, Villiers de l'Isle-Adam.

— 3º A. du Midi, I, Azan, Blache, Chaillot, Delille, Fabre, Guillon, Laure, Pellicot, Quenin, Sinéty, Virgile, IV, série 1, Dr L. de Martin.

— 4º A. des départements du Sud-Ouest, I, Villeneuve.

— 5º A. de la Bretagne, I, de la Morvonnais.

— 6º A. du département du Puy-de-Dôme, I, Baudet-Lafarge.

— Avenir de l'agriculture en France, I, Mertens.

— Histoire administrative de l'agriculture en France, I, Mauguin

— L'agriculture et la liberté, I, Borie.

— Mémoires sur l'agriculture, I, Cazalis-Allut.

— L'agriculture régularisée par l'État, I, Pendaries

— L'agriculture en roman, I, Travanet.

Agriculture, Réflexions et conseils sur l'agriculture, IV, série 1, et IV, série C. Rousset.

— Rapports sur divers sujets touchant à l'agriculture, IV, série 28. Louvet.

— L'agriculture et l'industrie manufacturière au Congrès de Lyon de 1869, IV, série A. Michel-Perret.

— L'agriculture en Angleterre, Écosse, Irlande, Inde, Australie, I ; Conrad de Gourcy, Joubert, L. de Lavergne, Mérice, de la Tréhonnais, Vilmorin.

—   —   en Belgique, I, Conrad de Gourcy, Laveleye.

—   —   en Danemark, I, Godefroy.

—   —   en Hongrie, I, Keleti.

—   —   en Italie, I, Burger, Sagnier.

—   —   au Pérou, I, Martinet.

—   —   en Russie, de Fontenay.

— (Histoire de l') ancienne, tirée de Pline, I, Desplaces.

— (Histoire de l') en France, I, Dareste de la Chavanne, Doniol, Monteil.

Agronomes latins, II, Caton, Columelle, Palladius, Varron.

Agronomie, I, Boussingault, Gasparin, Liebig, Travanet, Varenne de Fenille.

Alcoolisation, I, Basset

Alfa (Végétation de l'), IV, série 30.

Algérie, I, Briez, Guy, Martin-Calmels, Moll, Ott, Vidalin.

— III, Topographie agricole.

— IV, série F, Martin-Calmels.

— IV, série 30. Critique des mesures sanitaires prises pour le bétail.

Algues de la Guadeloupe, I, Mazé et Schramm.

Alluvions, I, Nadault de Buffon.

Almanach du bon jardinier, II.

Alpes (Basses-), III, Enquête sur ce département.

Alpes (Torrents des Hautes-), I, Surrel.

Alpes-Maritimes, I, Ardoino. — III, Enquête sur ce département, IV, séries 1 et 28.

— Excursions agricoles dans ce département, Audoynaud.

Angleterre, Ecosse, Irlande, Inde, Australie. Voir l'Agriculture en Angleterre, etc.

Animaux domestiques, utiles, etc., I, Blanchère, Bourgoin, Colin, Gloyer, F. Lecoq, Richard (du Cantal), Roche, série 11, Oiseaux.

Année agricole, I, Heuzé.

Annuaire viticole pour 1870, IV, série D, Dr Cazalis.

Arboriculture forestière, Taille, I, Du Breuil, Des Cars.

— 2° Fruitière, I, Baltet, Carrière, Dolivot, Du Breuil, Dupuis, Durand, Gaudry, Joigneaux, Lambertye, Lardier, Laujoulet, Lebeuf, Lefèvre, Lelieur, Leroy, Morel, Mortillet.

Arboriculture forestière, 3° A. du Midi, I, Bremond, Faudrin, Lardien.

— 4° Taille des arbres fruitiers, I, Albret, Bremond, Butret, Croux, Du Breuil, Faudrin, Lambertye, Laujoulet, Lebeuf, Noisette, Puvis.

— 5° Fruits, IV, série 1. Fruits adoptés dans le Congrès pomologique.

— IV, série D. Rapport de M. Jamin sur le traitement des arbres fruitiers pratiqué par M. Tourasse, à Pau.

— IV, série B. Arbres fruitiers cultivés dans les pépinières des Chartreux, en 1775.

— IV, série C. Enquête sur les diverses maladies des arbres résineux.

Archives de Toulon (Inventaire des) antérieurement à 1790, II.

Asperges, I, Lebeuf, Loisel.

Asphalte (Instruction pratique pour la préparation et l'emploi de l'), IV, série C.

Assemblées générales des agriculteurs tenues à Paris sous la présidence de M. Estancelin, III.

Assises régionales d'histoire naturelle et d'horticulture tenues à Montpellier en 1877, IV, séries E, F.

Assolements, I, Heuzé, Schwertz.

Australie (L'agriculture en). Voir l'agriculture en Angleterre, etc.

Avicula contorta (Zone à), IV, série C, Dieulafait.

B

Bang-Kok (Deux semaines à), IV, série 29.

Barème de l'agriculture et du commerce, I, Thévenet.

Basse-cour (Oiseaux de), I, Gobin, Mme Millet-Robinet, Mariot-Didieux, Pelletan.

— II, Manuel de la fille de basse-cour.

Baux de fermage et de métayage (Enquête sur les), IV, série 29.

Belgique. Agriculture, I, Laveleye.

— Horticulture, I, Baltet.

Berger (le), I, Menault.

Bétail (Commerce du) entre la France et l'Algérie, critique des mesures sanitaires, IV, série 30.

Betterave à sucre, IV, série 2, Conférence par Foëx. — IV, série 1, La betterave et les engrais, par Hamoir.

Beurre (Art de faire le), II.

Bibliothèques cantonales (Lettres de M. Tourasse sur les), IV, série 30.

Biens fonds (Estimation et partage des), I, Noirot.

Bière, I, Pasteur.

Blé, III, Tableau des prix moyens de l'hectolitre de 1800 à 1870.

— IV, séries 4 et B, Le blé et la cherté des subsistances, par Duroselle.

Caroubier et Caroube, IV, série E, par Bouzom, Delamotte et Rivière.

Cartes agronomiques communales, I, De Bogard.

Catalogues de vignes. Voir Vignes.

Cèdre du Liban du palais du Maréchal, à Toulouse, I, Demouilles.

Cépages, Voir Vignes.

Cerisier, I, Lebeuf, de Mortillet, A. Leroy.

Chaintres (Culture de la vigne en), I et IV, série B, Vias.

Chambre de Commerce de Toulon, III, années 1862 à 1882. 5 brochures, IV, série 4. Réponse à la Circulaire ministérielle du 7 avril 1875, par Ch. Poncy.

Champignons, I. Cordier, Dupuis, Lebeuf.

— Des environs du Havre, IV, série 29.

Champs (Travaux des), I, Blache, Borie. Delille.

Charrues (Concours de) à Montpellier, en 1876, IV, série A, Magnien.

Chasse. Voir Chevaux, Oiseaux.

Chasses de Provence, I et IV, série 11, Gay.

Chemins de fer (La question des) en France, IV, série 4, Nouette-Delorme.

— Prolongement du chemin de fer des Salins à Fréjus (Notes sur Saint-Tropez et la Région des Maures pour servir au), IV, série F, Martin de Roquebrune.

— Le tarif des chemins de fer et le transport des raisins de table du Midi, IV, série 22, T. Bouschet.

— Rachat et exploitation par l'Etat, IV, série 30. — Réforme des tarifs, IV, série 29.

Chêne, I. Coutance.

Chêne-liège. La chenille du chêne-liège, I, Vicomte de Métivier.

— I, Dr G. Davin.

— Revêtement du chêne–liège, procédé de Capgrand-Mothes, IV, série 29.

—, — (Le) en Algérie, I, A. Lamey.

Chêne-Yeuse (Recherches expérimentales sur les écorces à tan du), IV, série H, Rousset.

Chenilles des bois et du chêne-liège, I, Vicomte de Métivier.

Cheval, Ane, Mulet, I, Cardini, Gayot, Guy de Charnacé, Hays, F. Lecoq, Lefour, Lemichel, Comte de Montigny, Richard (du Cantal).

Chevaux de chasse en France, IV, série A, Comte Lecouteux. Voir Haras.

Chèvre, I, Bénion, Huard du Plessis.

Chimie agricole, I, Bobierre, Boussingault, Deherain, Grandeau, James et Johnston, Ladrey, Lechartier, Liebig, Malaguti, Mène, Péligot, Isidore Pierre, Sacc.

Choux, I, Joigneaux ; IV, séries 1 et I.

D

Dahlias, I, Pépin.

Danemark (Economie rurale du). I, Godefroy.

Dégrèvement des vignes phylloxérées, IV, série J.

Dictionnaire d'agriculture et d'économie du bétail, I, Richard (du Cantal).

— (Nouveau) d'agriculture, d'économie rurale et de médecine vétérinaire, II.

— De Botanique, I, Baillon.

— D'Hippiatrique et d'équitation, I, Cardini.

— De Pomologie, I, A. Leroy.

Dindons, I, Mariot-Didieux, Pelletan.

Discours de M. Greffier au Concours général de la Villette, en 1869, IV, série 3.

— De M. de Rougemont au Concours agricole de Roquevaire, en 1876, IV, série 2.

Distribution des prix du pensionnat d'Onzain (Allocution de M. Drouyn de Lhuys à la), IV, série I.

Douanes (Les tarifs de), IV, série 4, Goulet.

Drainage, I. Barral, Bryas, Rapin, Vitard.

— . II, Lois et documents relatifs au drainage.

— IV, série 28, Rapport de M. Payen.

Droit rural (Manuel pratique de), I, Roullier.

E

Eau (Composition et formule de l'), IV, séries 1 et C, Aubert.

Eaux (Aménagement des), IV, série 30.

— (Législation sur les), I. Dubreuil.

— (Projet de loi sur le régime des), IV, série H, Varroy.

— D'égouts (La question des) en France et en Angleterre, IV, série A, Joly.

— Voir **Irrigations**.

Ecole *d'agriculture de Montpellier*, IV, série A, Saint-Pierre et Foëx.

— D'horticulture de Versailles (Visite à l'), IV, série C, Michelin.

Economie domestique, I. Mauny de Mornay, Mme Millet-Robinet.

— Rurale, I, Boussingault, Gref, Lecouteux, Mauny de Mornay.

— — de l'Angleterre, Ecosse, Irlande : I, Léonce de Lavergne.

— — de la Bretagne : I, de la Morvonnais.

— — du Danemark : I, Godefroy.

— — de la France : I, Léonce de Lavergne.

Écosse (Agriculture de l'). Voir Agriculture de l'Angleterre.

Écrivain (l') ou **Gribouri** de la vigne, IV, séries I (Heuzé) et 31.

Égouts. Voir Eaux d'égouts.

Éleveur multiplicateur, I, Grognier.

Engrais, Amendements, Fumiers, I, Barral, Bobierre, Ducoin, Fouquet, Girardin, Heuzé, Joulie, Lebeuf, Lefour, Levy, Mène,
Mussa, Puvis.

— III, Enquête agricole.

— (Fabrication et emploi des), IV, série 28, Rapport de Payen.

— (Brochures sur les), IV, séries 6, 7, C et D.

— Liquide *Boutin* (Notice sur l'), IV, série 2.

— Minéraux de potasse et de magnésie des mines de Stassfurt, IV,
série 2, par Stahmann.

— (Pulvérisation des), IV, série C, Menier.

Enquête agricole, III, Engrais. — Basses-Alpes, Alpes-Maritimes,
Var — Dépositions — Documents généraux — Documents de
l'Etranger.

Enseignement agricole, I, De Bogard.

Enzooties. Voir Epizooties.

Épidémies (les) et le Phénol, IV, série 3, Bizeau d'Hauteville.

Épizooties et Enzooties, III.

Équitation, I, Cardini.

Eriodendron anfractuosum, IV, série 30.

Espèces (Origine des), I, Darwin, Puvis.

Eucalyptus, I, Certeux, Naudin, IV, série 8, Regulus Carlotti, Dr Gim-
bert, Lambert. — IV, série E, Martin.

Excursions agricoles en France, Angleterre, Belgique, I, Conrad de
Gourcy.

— Dans le département des Alpes-Maritimes, IV, séries 1 et 28,
Audoynaud.

— En Russie, I, de Fontenay.

Expériences agricoles de Rothamsted, I, Ronna.

Expositions, I, Oppermann, Hervé, Jourdier.

— III, Animaux et végétaux. — Expositions universelles.

— Universelle de Paris, en 1878, IV, série E; rapport de M. Duclaux
au Préfet du Var, et IV, série 29.

F

Femmes (Du rôle des) en agriculture, II, par P.-E.-C. (Cazeaux).

Fermage, I, Gasparin.

Ferme (Livre de la), publié sous la direction de Joigneaux, II.

Fermes du canton de Noailles (Oise), IV, série 2, Rapport du F.
Eug. Marie.

G

Greffage, Greffe, I, Baltet, Champin, Noisette.

— (Résumé des leçons de) des vignes américaines, faites à Montpellier, en 1880, II.

— (Rapport sur le Congrès de) tenu à Montpellier, en 1879, IV, séries I et 31, Cazal.

— Des pommes de terre, IV, série E, Vavin.

— Des vignes américaines, IV, série J.

Gribouri ou **Écrivain de la vigne**, IV, série I (Heuzé) et 31.

Grignon dans le Midi (Toast aux élèves de l'École d'agriculture de Grignon), IV, série D, Mourret.

Groseilles, I, Lebeuf.

Guano du Pérou, IV, série A, Chevreul, série C, Dreyfus.

Guérin-Méneville. Notice sur ses travaux zoologiques, IV, série H.

Gynériacées, I, Dazanvilliers.

H

Halfa (La végétation de l'), IV, série 30.

Haras, III, Procès-verbaux des séances du Conseil supérieur des haras.

Haricot Chevrier, IV, série 1.

Hérault (Visite aux cultures du département de l'), IV, série 1, H. Bouschet.

Hippiatrique, I, Cardini.

Histoire des classes agricoles en France, I, Chavanne (Dareste de la) Doniol, Monteil.

Hiver de 1870-71 au jardin de Saint-Mandrier, IV, série A, Chabaud.

Homme (Origine de l'), IV, série A : Hœckel — Son âge, par Rossi.

Hongrie (Agriculture de la), I, Kéléti.

Horticulture. Voir : **Fleurs, Jardins, Jardinier, Maraîchère** (culture).

Houblon, I, Erath, traduit par Nicklés.

Huile Mozambique (Effets de l'), de M. Roux, IV, série 30.

Hyères avant l'histoire, I, Dr Jaubert.

I

Igname ronde, IV, série F, Vavin.

Immortelle jaune, IV, série 30.

Impôt foncier (Traité de l'), I, Dufour.

— Unique, IV, série 4, Dr Turrel.

Impôts et dégrèvements sur les boissons. Voir **Boissons**.

— (Réforme des) sur les vins, IV, série J.

Incendies dans les forêts des Maures et de l'Esterel, IV, série 9.

Incubation artificielle, I, Roullier-Arnoult, Voitellier.

Inde (Agriculture de l'). Voir : Agriculture en Angleterre, etc.

Industrie (l') et l'agriculture au Congrès de Lyon, en 1869, IV, série A, M. Perret.

Insectes, I, Amoreux, Blanchard, Blanchère, Boisduval, Montmahon, Dʳ Robert, Dʳ Seriziat.

— Coléoptères, I, Dʳ Sériziat ; II.

Instruments agricoles, I, Goussard, de Mayolles, Hervé, Gourdier, Letour.

— Perfectionnés (les) au Concours général de Paris, IV, série 31.

Inventaire des archives de Toulon antérieurement à 1790, III.

Inventeurs (Instructions pratiques à l'usage des), I, Armengaud.

Irlande (L'agriculture en). Voir : Agriculture en Angleterre, etc.

Irrigations, I, Barral, Bosc, Charpentier-Cossigny, Dubreuil, Dünkelberg, Giovanetti, Nadault de Buffon, Vidalin.

— Dans le département du Var, IV, série 5, Blache, Bosc, Dieulafait, Dʳ Gibert, Mesure, Lambot-Miraval.

Italie (L'agriculture en), I, Burger, Sagnier

— Canaux d'arrosage, I, Nadault de Buffon.

— Traité de commerce et convention de navigation, IV, série H.

J

Japon (Essences forestières du), I, Dupont.

— (Plantes du), I, Franchet et Savatier.

Jardinier multiplicateur, I, Carrière, Neumann ; II, Almanach.

Jardins, Jardinage, Horticulture, I, Aguillon, André, Bona, Céris, Decaisne, Delille, Durand, Ernouf, Gueidan, Joigneaux, Lalos, Lambertye, Marchais, Naudin, Noisette, Rapin, Rousselon, Ysabeau ; II. Le jardinier françois, 1737.

— Voir : **Fleurs** (Culture des); **Maraîchère** (culture).

Jardin d'acclimatation (Une visite au), IV, série E, Drouyn de Lhuys.

— D'Hyères (Note sur le), IV, série C, A.-G. Saint-Hilaire.

Joncs, IV, série C, Mariano de la Paz, Graëls.

K

Kakis, I, Ch. Naudin.

L

Laines (De quelques propriétés physiques des), IV, série A, Gobin.

Lait et Laiterie, I, Dʳ Klenze. — IV, série 10, Pouriau.

S

T

Tabac, I et IV, série B, Allart ; I, Depierris, Schlœsing.

Taille des arbres forestiers, d'ornement, arbustes, etc., I, Du Breuil. — **Fruitiers**, I, Albret, Bremond, Butret, Croux, Du Breuil, Faudrin, Lambertye, Lebeuf, Noisette, Puvis.

— De la vigne suivant le système Baurac, IV, série 31.

Tan, Recherches sur les écorces à tan du Chêne-yeuse, IV, série H, Rousset.

Tarif des chemins de fer et les raisins de table du Midi, IV, série 22, Bouschet.

— Des Douanes, IV, série 4, Goulet.

— (Réforme des) des chemins de fer, IV, série 29.

Terre (Physiologie de la), I, Travanet.

— (Age de l'homme et de la), réponse au R. P. J. Constant, IV, série A, Rossi.

Tondeuse Nabat (Rapport sur la tonte par la), IV, série 3, Valserres.

Tonnage officiel pour le Canal de Suez, IV, série A, Merchant.

Torrents des Hautes-Alpes, I, Surrel.

Toulon (Assainissement de), IV, série 6, Dr Gibert. — série H, Dr Pellegrin.

— III, Chambre de Commerce, 1862 à 1883.

— III, Inventaire des archives antérieurement à 1790.

Tourasse (Visite à la villa de M.), IV, série 30.

— (Lettres de M.) sur les bibliothèques cantonales, IV, série 30.

Tourbe (Rapport sur l'exploitation de la), IV, série 28, Payen.

Tourteaux de graines oléagineuses, I, Décugis.

Traité de commerce et convention de navigation avec l'Italie, IV, série H.

Traités (Les) **de commerce et l'agriculture méridionale,** 10, série 31.

Traité général de la composition des Parcs et Jardins de M. André (Rapport sur le), IV, série F, Baltet.

Truffe, Trufficulture, I, Bonnet, Duclaud, Lebeuf, Valserres.

— — IV, série B, Valserres.

Turbilly (Notice sur le marquis de), I, Guillory.

Typhus contagieux des bêtes à cornes, IV, série 3, Hamoir.

V

Vaches laitières, I, Chabert et Huzard, Dubos, Guenon, Lodieu, Magne.

Var (Département du), I, Bosc, Etchegoyen, Noyon, Villeneuve-Flayosc.

— III, Enquête agricole.— Conseil général, de 1844 à 1883.

Vins (Chauffage des), IV, série 22, Dr Secourgeon.

— IV, série 21. Rapport de M. Vialla sur l'Exposition de Montpellier, en 1868; Instruments de fabrication par le Dr L. de Martin.— Coupage, Dr L. de Martin, Martrin-Donos. — Sophistication.

— II, Manuel pratique des négociants en vins et spiritueux, etc.

— Des cépages américains récoltés en France, en 1878, IV, série F, Camille Saint-Pierré.

— (Affaire des Marchands de) de Grasse, IV, série A et 22.

— (Voir **Phylloxéra, Vignes, Vinage**).

Viticulture (Rapport de la Commission internationale de), IV, série J.

Voyages agricoles. (Voir **Excursions**).

Y

Yeuse (Chêne-), Expériences sur les écorces à tan, IV, série H, Rousset.

Z

Zoologie agricole, I, Blanchard.

Zootechnie générale, I, Lefour, Sanson.

Arrêté au 1er Juin 1884.

Le Bibliothécaire,

B. DÉCUGIS.

TABLE

Toulon. — Typ. A. Isnard et Cie, boulevard de Strasbourg, 56,

www.ingramcontent.com/pod-product-compliance
Lightning Source LLC
Chambersburg PA
CBHW070955280326
41934CB00009B/2073